Walter Billig

THEORIE und Wirklichkeit

GRENZEN DES DENKENS

Herstellung und Verlag: BoD – Books on Demand, Norderstedt
ISBN: 978-3-7519-6960-4

THEORIE und Wirklichkeit

GRENZEN DES DENKENS

Was wissen wir über die Zeit, Existenz und Schöpfung?

Eine Sammlung von populärwissenschaftlichen Aufsätzen
von
Walter Billig

Erstausgabe 2020

Anmerkung des Autors

Ursprünglich war es nicht meine Absicht, das hier vorliegende Buch zu veröffentlichen. Daher sind leider einige Quellen, auf die sich einige meiner Ausführungen beziehen, nicht mehr auffindbar. Hierzu gehören vor allem Textstellen, die ich aus den öffentlichen Medien bezogen habe.

Über entsprechende Hinweise aus der Leserschaft würde ich mich sehr freuen.

INHALT

ZEIT und RAUM

In einem ewigen Leben ist der einzelne Tag ohne Bedeutung. Ist das Leben aber endlich, dann haben wir eine gute Chance, unser Leben so lebenswert wie möglich zu gestalten. (Walter Billig)

Unser Kosmos - Ein Raum ohne Himmel und Hölle?

Unser Universum besteht ausnahmslos aus wirklichen Dingen. Es ist nachweislich rein atomistisch; pure Realität - sonst nichts! Es gibt keinen Himmel und keine Hölle. Es gibt nur die Dinge und Sachverhalte, die wir bereits gefunden haben und solche, die wir noch finden können. Alles Werden und Vergehen in diesem Kosmos, wie beispielsweise die Zeit und sogar die Schöpfung sind atomistischen Ursprungs. Alles unterliegt und folgt physikalischen Gesetzen. Diese gelten an jeder Stelle dieses Raumes.

Bis zum heutigen Tag wird der bisher noch unentdeckte Teil oberflächlich metaphysisch, jenseitig, transzendental oder Hinterwelt genannt. Selbst die Residenz Gottes meinen viele Gläubige dort ausmachen zu können. Gott und die Schöpfung werden als ein und dasselbe verstanden. Der sich an dieser Stelle aufzeigende Unterschied zwischen Realität, Religion und Transzendenz wird den Gläubigen nicht vermittelt, sondern lediglich an den theoretisch-theologischen Fakultäten diskutiert.

Ein Gott aber, der Anfang und Ende von allem ist, kann kein Teil dieses Universums sein, sondern das Universum ist in seiner kontingenten Geschichte lediglich ein Teil von ihm – ein veränderliches und vergängliches Ereignis. Ein atomistisches Universum können wir denken; ein Gott aber, der *nicht* den Naturgesetzen eines Universums unterliegt, ist nicht konkretisierbar.

Gott kann deshalb nur als Integral allen Werdens und Vergehens in der Welt verstanden werden und nicht bloß als Schöpfer eines einzelnen

Universums. Der Mensch wird sich damit abfinden müssen, in Bezug auf Gott, für immer unwissend zu bleiben.

Was war vor der Zeit?
Theorien von Astrophysikern über die Entstehung des Universums

Vorab:
Nachdem es vor dem jetzigen Urknall-Modell schon 32 andere Entwürfe gab, scheint die Zeit für eine erneute Ablösung durch ein schlüssigeres Modell gekommen zu sein. Vermutlich wird es aber keinen gänzlich neuen Entwurf, sondern lediglich Modifikationen oder Ergänzungen des bisherigen geben.

Wenn wir uns mit der Frage beschäftigen, was vor dem Urknall war, muss klar sein, dass wir uns in einen Bereich begeben, der uns nie zugänglich sein wird, und dass alles, was wir uns überlegen, reine Fiktion ist. Wir sollten daher alles, was wir denken oder in diese Richtung berechnen, eher schmunzelnd tun oder einfach nur zur Kenntnis nehmen. **Was jedoch in die jenseitige Welt hinüberreicht, ist das logische Denken.** Es sei uns daher spielerisch gestattet, logische Annahmen zu formulieren, die für den uns umgebenden Raum als zutreffend vermutet werden könnten.

Zunächst zum gegenwärtigen Urknall-Modell: Ist es vorstellbar, dass sich aus einem nahezu unendlich kleinen Volumen beinahe unbegrenzt viel Energie entfaltet? Und wenn – wo soll diese Energie hergekommen sein? Irgendwie muss sie vorher angereichert worden sein – in welcher Form und wie auch immer. Die gegenwärtige Theorie setzt zudem voraus, dass das Universum sich im allerersten Moment nach dem Urknall für kurze Zeit inflationsartig mit einem Vielfachen der Lichtgeschwindigkeit ausgedehnt hat. Viele Wissenschaftler bezweifeln, dass es diese Inflation überhaupt gab. Wir sollten auch nicht mehr von einem Knall sprechen, der den Lauf der Zeit auslöste, sondern von einer immer besser beobachtbaren Zeitgrenze; denn wir können nicht sicher sein, ob der Beginn unseres Universums mit einem Knall begann.

Doch wie könnte es gewesen sein? Müssten wir neben den vier fundamentalen Grundkräften (starke und schwache Atomkraft, Elektromagnetismus und Gravitation) nicht auch das Weltbild Ervin Lászlós in unsere Überlegungen mit einbeziehen, der ein grundlegend, ein neues fünfte Feld[1] vorschlägt. Ein Feld, das geeignet wäre, einige der quantenphysikalischen Phänomene zu erklären? Das von ihm genannte A-Feld könnte seiner Meinung nach die überlichtschnelle Informationsübertragung im Quantenvakuum erklären, z. B. jenes der Quantenteleportation (instantane Zustandsänderung miteinander).

DIE WISSENSCHAFTLER HIERZU:

Michio Kaku, Universität New York[2]
vermutet, dass unser Universum durch ein vorheriges Kleinuniversum entstand.

Nach Michio Kaku gibt es keinen Ort, indem NICHTS ist; denn ein solcher Ort wäre ohne Materie, Zeit (und damit ohne Raum) und ohne Naturgesetze. Vorstellbar ist nur ein Vakuum ohne Materie. Doch an

---

[1] **Ervin Lászlós**, Das Fünfte Feld, Vision der neuen Wissenschaften, Bastei Lübbe Verl. 2. Ausgabe 2002

[2] **Michio Kaku**; * 24. Januar 1947 in San José, Kalifornien ist in der breiten Öffentlichkeit einer der bekanntesten Physiker in den Vereinigten Staaten. Sein Forschungsgebiet ist die theoretische Physik, genauer die Stringtheorie. Kaku ist bekannt aus vielen populärwissenschaftlichen Fernsehsendungen. Mein Beitrag ist hieraus entnommen.

einem solchen Ort finden wir virtuelle Teilchen und Potentiale, die miteinander wechselwirken. Die Quantengesetze gelten hier weiter.

Vor dem Urknall gab es also schon ein ETWA - ein Quantenvakuum, dem interstellaren Raum ähnlich. Dort hatten sich riesige Quantenfelder zusammengefunden und über unvorstellbare Zeiträume so hoch verdichtet, dass es zur Selbstzündung kommen musste. Der Urknall und damit das Universum entstanden also aus einem vorherigen Zustand.

Andrei Linde[3], Stanford University, Kalifornien, USA
vermutet, dass unser Universum durch kosmologische Inflation entstand.

Das Universum nahm seinen Anfang durch eine Explosion, die Materie produziert. Eine sogenannte kosmologische Inflation tritt als Beschleuniger auf und hält den gesamten Explosionsablauf im Gleichgewicht. Je nach zugrunde liegenden Annahmen begann sie zwischen 10^{-43} s, d. h. der Plankzeit und dem Beginn des Urknalls. Sie dauerte zwischen 10^{-33} und 10^{-30} s nach dem Urknall. In dieser Zeit soll sich das Universum um einen Faktor zwischen 10^{30} und 10^{50} ausgedehnt haben. Dennoch soll dieser Bereich des heute noch sichtbaren Universums nur einen Durchmesser von etwa 1m gehabt haben. Die Ausdehnung des Raumes hätte hiernach mit Überlichtgeschwindigkeit stattgefunden. Anschließend setzte das Universum seine Expansion im Rahmen des Standard-Urknall-Modells, wie von den Friedmann-Gleichungen beschrieben, fort.

---

[3] **Andrei Dmitrijewitsch Linde,** * 2. März1948 in Moskau ist ein russischer Kosmologe und einer der Begründer der Inflationstheorie des Universums. (Wikipedia)

Der Urknall war also das Ende von etwas anderem, zu einem Zeitpunkt, an dem die Inflation an Schwung verloren hatte.

Anlass für diese Überlegung war die Feststellung, dass die relativistische Kosmologie, zur Erklärung einiger fundamentaler Beobachtungen, eine Feinabstimmung von kosmologischen Parametern erforderte. Die Inflationshypothese bietet einen physikalischen Mechanismus, aus dem sich einige grundlegende Eigenschaften des Universums zwanglos ergeben.
Prof. Linde meint sogar, dass die Inflation so erfolgreich war, dass es des Urknalls gar nicht bedurfte. Nach dieser Theorie müsste es Paralleluniversen in großer Zahl geben.

Parampreet Singh[4], Perimeter Institut, Kanada
vermutet, dass „unser Universum aus einem zyklischen Ablauf entstand."

Nach P. Singh entstand alles aus dem Nichts. Nach ihm ist die traditionelle Urknalltheorie unmöglich; denn nach dieser Theorie war das Universum zuerst unendlich klein. Dies bedeutet eine Singularität und damit eine mathematische Unmöglichkeit. Das bedeutet, dass die mathematischen Gleichungen versagen oder unvollständig sind. Es gilt also aufzuklären, weshalb etwas aus dem Nichts entstehen konnte. Es muss eine mathematische Lösung gefunden werden, die sowohl die Dinge im ganz Großen (Universum), wie im ganz Kleinen (Atome) beschreiben. Die bisherigen Feldgleichungen leisten das nicht. Er erarbeitete in seinem Institut in dreijähriger Arbeit einen Quantenzusatz zu den bestehenden Feldgleichungen, die den gestellten Anforderungen genügt.

---

[4] Parampreet Singh, Ph.D., Professor, Department of Physics and Astronomy, 202 Nicholson Hall, Baton Rouge LA 70803, USA. (Wikipedia)

$$H^2 = 8\pi G\rho(1-\rho/Pc)/3$$

Hierbei bedeutet der Klammerausdruck der von seinem Institut erarbeitete Zusatz aus der Quantenmechanik

Nach dieser Gleichung zieht sich die Kraft das Universum nicht bis auf einen Punkt zusammen, sondern kehrt sich vorher um, sodass das Universum sich erneut ausbreitet (abstoßende Schwerkraft).

Laut P. Singh verdankt unser Universum seine Existenz einem früheren Universum, welches das Pech hatte, in sich zusammenzufallen. Der Urknall war also gar kein Knall, sondern ein ganz normales zyklisch ablaufendes Ereignis, wie es immer wieder von Neuem geschieht. Wir leben also in einem Universum, das Zyklen unterworfen ist. Zyklen, wie die Natur sie grundsätzlich zu bevorzugen scheinen (Zyklen des sich Ausdehnens und des Zusammenziehens, die Jahreszeiten, die Kreisläufe der Himmelskörper, die Sonneneruptionszyklen usw.). Doch was hat diesen Zyklus ausgelöst? Hierauf weiß Dr. Singh noch keine Antwort.

Lee Smolin[5], Perimeter Institut, Kanada
glaubt, „unser Universum entstand aus einem Schwarzen Loch."

Die Singularität (alles aus dem Nichts) weist auf mangelndes physikalisches Verständnis hin. Die Relativitätstheorie ist noch unvollständig und bedarf noch der Erweiterung. Dabei muss das Prinzip der natürlichen Auslese berücksichtigt werden. Wie auch bei P. Singh geht Smolin von einem kollabierenden Universum aus, dessen Massen sich zunehmend zu vielen Schwarzen Löchern verdichten und schließlich in einem einzigen großen Schwarzen Loch ein neues Universum zu kreieren.

---

[5] **Lee Smolin** (* 6. Juni 1955 in New York City, USA) ist ein US-amerikanischer Theoretischer Physiker und Professor. (Wikipedia)

Neil Turok[6], Perimeter Institut, Kanada
vermutet, „unser Universum entstand durch Berührung von Membranen."

Nach der Stringtheorie geht man von zehn Dimensionen plus einer
Zeitdimension aus. Oder nach einer neuen Theorie von Lisa Randall[7],
fünf Dimensionen. Als Superstringtheorie bezeichnet man eine Sammlung eng verwandter hypothetischer physikalischer Modelle mit dem
Ziel, alle bisher beobachteten Fundamentalkräfte der Physik einheit-
lich zu erklären. Sie gilt damit als Ansatz für die in der Physik gesuchte
Vereinheitlichung der Gravitation mit den Quantenfeldtheorien der
nichtgravitativen Wechselwirkungen. Die Stringtheorie umgeht die in
der klassischen Quantenfeldtheorie auftretenden Probleme der Singu-
laritäten. Alle Stringtheorien haben das gemeinsame Grundkonzept,
dass *Strings* (*Fäden*) als fundamentale Objekte mit eindimensionaler
räumlicher Ausdehnung angenommen werden (d. h. sie haben nur
eine Länge, aber keine Breite und Höhe).

Im Gegensatz zum Standardmodell der Teilchenphysik sind bei der
Stringtheorie die fundamentalen Bausteine, aus denen sich unsere
Welt zusammensetzt, keine Teilchen im Sinne von Punkten, sondern
vibrierende eindimensionale Objekte. Die auf der nächsthöheren
Ebene gelegenen Elementarteilchen kann man sich als Schwingungs-
anreger der Strings vorstellen, wobei die Frequenz nach der Quantenmechanik einer Energie entspricht.

---

[6] **Neil Geoffrey Turok** OC (born 16 November 1958) is a South African physi-
cist. He was the director of the Perimeter Institute for Theoretical Physics from 2008 to 2019. (Wikipedia)

[7] **Lisa Randall** (* 18. Juni 1962 in New York City) ist eine amerikanische Professorin für theoretische Physik an der Harvard University in Cambridge.
(Wikipedia)

In Weiterentwicklungen der Stringtheorie, den sogenannten Bran-Theorien, werden als Basisobjekte nicht nur eindimensionale Strings angesehen, sondern auch höherdimensionale Objekte, sogenannte Brane (Membrane) verwendet. Diese Brane können theoretisch Dimension ungeheuren Ausmaßes annehmen und Energieladungen aufnehmen, die sich unseren Vorstellungen entziehen.

Neil Turok glaubt, dass es zu urknallähnlichen Explosionen kommt, wenn Membranen zusammenstoßen.

Durch Annahme dieser eindimensionalen Struktur der Strings treten automatisch viele erwünschte Eigenschaften einer fundamentalen Theorie der Physik hervor. Am meisten sticht hervor, dass jede Stringtheorie, die mit der Quantenmechanik vereinbar ist, eine Quantengravitation beinhalten muss, die ohne Strings bisher nicht konsistent beschrieben worden ist. Die charakteristische Längenskala der Strings müsste in der Größenordnung der Plancklänge liegen, der Größe, ab der Effekte der Quantengravitation wichtig werden (ungefähr $1{,}6 \times 10^{-35}$ m).

Auf viel größeren Längenskalen, wie sie heute in Laboratorien zugänglich sind, wären diese Objekte nicht von nulldimensionalen punktförmigen Partikeln zu unterscheiden. Trotzdem würden die Vibrationszustände und die Struktur dieser winzigen Strings sie als verschiedene Elementarteilchen des Standardmodells der Elementarteilchenphysik erscheinen lassen. Zum Beispiel würde ein Schwingungszustand des Strings mit einem Photon assoziiert werden, ein anderer Zustand mit einem Quark. Diese vereinigende Wirkung der Stringtheorie ist eine ihrer größten Stärken.

Strings können entweder offen oder geschlossen sein. Ein „geschlossener String" besitzt keine Endpunkte und ist daher in seiner Topologie einem Kreis äquivalent. Ein „offener String" hat zwei Enden und ist topologisch äquivalent zu einer kurzen Linie.

Mit offenen wie geschlossenen Strings sind immer charakteristische Schwingungsarten (Moden) verbunden. Eine bestimmte Vibration eines geschlossenen Strings kann als Graviton identifiziert werden. In gewissen Stringtheorien stellt die Schwingung mit der niedrigsten Energie eines offenen Strings ein Tachyon dar. *Andere Schwingungsmoden offener Strings zeigen die Eigenschaften von Photonen oder Gluonen.*

Roger Penrose[8], div. Universitäten, England und USA
sieht unser Universum aus einem vorherigen Universum entstammend.

Bei der Expansion unseres Universums existierten zuletzt nur noch masselose Teilchen, z. B. Photonen. D. h., in dieser fernen Zeit hört die Zeit auf zu existieren. *Man braucht aber eine Uhr, um den Umfang des Universums zu messen. Das bedeutet, dass das Universum nicht mehr weiß, wie groß es ist.* Dies bedeutet konsequenter und paradoxerweise, dass unser altes – eigentlich sehr großes Universum - genau so groß ist, wie das beginnende neue Universum. Es bedeutet aber auch, dass unser altes Universum mit all seiner Masse in Energie umgewandelt wird. Tritt dieser Zustand ein, haben konventionelle Überlegungen von Raum und Zeit keine Bedeutung mehr. Deshalb kann der nahezu unendlich große Raum des alten Universums, gleichzeitig der unendlich kleine Raum des nächsten Universums sein. Es existiert ein Zyklus mit einem Davor und Danach.

---

[8] **Sir Roger Penrose** OM (* 8. August 1931 in Colchester, Essex) ist ein englischer Mathematiker und theoretischer Physiker, dessen Arbeiten auf den Gebieten der mathematischen Physik und der Kosmologie hoch geachtet sind. Er hat sich auch in zahlreichen populärwissenschaftlichen Büchern zu Themen der Philosophie geäußert. (Wikipedia)

Verfasser

Aus meiner Sicht wurde die Entfaltung unseres Universums durch verfügbare Energie aus seiner Umgebung eingeleitet.

Es muss ein Raum sein, der es ermöglicht, geordnete Energiemengen für die Schaffung neuer und Wiederaufbereitung alter Universen zur Verfügung zu stellen. Doch wie müsste ein solcher Raum beschaffen sein?

Es könnte ein Vakuum sein, wie es Michio Kaku beschreibt. Überdies gibt es nach der Heisenbergschen Unschärferelation keinen Raum, in dem nicht ETWAS ist. Und dieses ETWAS sind zumindest Potenziale und mutmaßlich auch Schleifen und Membrane, wie sie u. a. Neil Turok vorschlägt. Sind diese Vorgaben erfüllt, kommt die Zeit erneut ins Spiel. Doch wenn die Zeit gegenwärtig ist, dann ist selbst dieser unbeschreibliche Raum endlich und damit vergänglich. Es kann also kein ORT sein, an dem NICHTS ist.

Dieser Raum ist wahrscheinlich nur begrenzt homogen; weil es für die Erschaffung neuer Universen notwendig ist, dass einzelne Potenziale, auch mit nahezu unendlichen Abständen, irgendwann zueinanderfinden. Um die mit Potenzialen angereicherten Brane bis zu ihrer vollständigen Zündreife anwachsen wachsen zu lassen, bedarf es eines unvorstellbar großen Raums und unbeschreiblich viel Zeit.

Nur um eine Vorstellung von atomistischer Vergänglichkeit zu gewinnen: Die Lebenszeit eines Elektrons beträgt etwa 10^{34} Jahre; die unseres Universums ca. 10^{144} Jahre. Irgendwann muss auch die Kraft in diesem Raum nachlassen und der Raum, indem wir gerade wohnen, kann keine neuen Universen mehr gebären.

Weitere Annahmen:

- Der umgebende Raum entspricht unserer Definition von einem Vakuum, d. h. in ihm wirken die bisher bekannten Quantengesetze.
- Da innerhalb unseres Universums jedes Ereignis als irreversibler Prozess zu werten ist, indem alles Werden durch das Vergehen aus einem Vorherigen entsteht, ist anzunehmen, dass dieses Prinzip auch im umgebenden Raum Gültigkeit hat.
- Die vermuteten Strings und Brane verhalten sich hinsichtlich des Erfassens und Andockens wie wirkliche Einzelwesen, wie wir sie aus der Prozesstheorie kennen: In fast zeitlosen Bewegungen finden sie zueinander, umklammern sich, tauschen Energie aus oder löschen sich gegenseitig aus, wenn sie nicht den richtigen Spin oder Polung haben. Und doch liegt ihr natürliches Streben im Zueinanderfinden, d. h. in der größtmöglichen Ausschöpfung ihrer Mannigfaltigkeiten. Irrlichternd taumeln sie in diesem fast zeitlosen Raum umher, sich dabei immer wieder neu vermählend, bis sie so viel Energie geschöpft haben, dass sie ihre größtmögliche Erfüllung finden können: in der Erschaffung eines neuen Universums.
- Es ist denkbar, dass in manchen Universen kein biologisches Leben möglich ist (sowie es auch in unserem Universum denkbar ist, dass wir allein sind.)
- Nur die Universen, die bis zu ihrer Auflösung expandieren und sich im umgebenden Raum wieder auflösen, erfüllen die Forderung der Kreislaufbedingung, wonach die Entstehung von Leben im Universum das Ziel von Fortpflanzung ist. Chaotisch ablaufende Explosionen erfüllen diese Bedingung ebenso wenig wie kollabierende Universen.

Die Zeit nach dem Beginn Zeit

Der Wecker klingelt. Aufstehen! Wir starten in den Tag und planen unser Programm mit einem wesentlichen Werkzeug - der Uhr. Die zeigt uns ganz selbstverständlich die Zeit an. Doch was ist die Zeit überhaupt? Die uns im Alltag geläufigen Zeitbegriffe sind mit wiederkehrenden kosmischen Vorgängen verknüpft – mit dem Auf- und Untergang der Sonne, dem Mondzyklus und der Umlaufbahn der Erde. Es gibt aber auch eine Merkwürdigkeit: Die Zeit kennt nur eine Richtung.

Nichts bestimmt unsere Wahrnehmung mehr als unser Zeitgefühl. Im Alltag unterliegen wir dem Diktat der Zeit. Sie signalisiert uns, wann wir aufstehen und unsere Termine wahrnehmen müssen. Anders können wir uns kaum strukturieren. Sie ist unser Hilfsmittel, das uns nicht nur bei der Gestaltung des Tages, sondern auch bei der Planung von Wochen, Monaten und Jahren, ja sogar unseres, ja sogar des ganzen Lebens, unterstützt. Die Zeit ist jedoch weit mehr als ein praktisches Werkzeug. Sie ist eine naturwissenschaftlich und philosophisch spannende Herausforderung. Was ist Zeit? Und warum verrinnt sie, selbst dann, wenn wir nicht auf die Uhr schauen?

---

[9] Winckelmann Goethes Werke. Hamburger Ausgabe. 5. Aufl. Bd.12. Hamburg. Wegner 1963. S.96-129, hier S.98.

Es gibt

- bereits die geschehenen, die vergangenen Ereignisse
- die in einer, derzeit noch nicht zu bestimmenden – zukünftigen Ereignisse
- die merkwürdigen flüchtigen Momente des Jetzt, die die beiden ersten trennen.

Diese Ordnung leuchtet uns unmittelbar ein. Wir erleben die Zeit als absolut unbeeinflussbar. Wenn wir überlegen, woran wir ihren Ablauf festmachen, dann wir sofort klar, dass wir das Verrinnen von Zeit anhand von Veränderungen bemerken: die Veränderung von Gegenständen in unserer Umgebung, das tägliche Wandern der Sonne am Himmel, die Veränderungen der Natur während der Jahreszeiten, das Wachsen von Kindern und unser eigenes Altern. All das signalisiert uns, dass die Zeit voranschreitet. Wir nehmen dabei den Fluss der Zeit ganz bewusst wahr; denn wir haben die Fähigkeit, uns an Vergangenes zu erinnern. Daher können wir aus Fehlern und Erfolgen der Vergangenheit lernen. Wir erleben den Moment der Gegenwart – wissen wir doch, dass er schon im nächsten Moment Vergangenheit sein wird. Genauso können wir unsere Zukunft aktiv gestalten, indem wir mithilfe der Zeit planen. Wie verhält es sich aber nun, wenn wir uns ins Universum begeben, wo es keine Taktgeber für die Zeitmessung gibt? Seit den 1990er Jahren wissen wir, dass das Weltall sich beschleunigt ausdehnt und sich dabei naturgemäß ausdünnt. Nach vielen Milliarden Jahre werden die extrem massereichen schwarzen Löcher die gesamte Materie der Galaxien um sie herum verschluckt haben. Doch auch diese Schwarzen Löcher zerstrahlen und zerfallen nach etwa 10^{144} Jahren. Übrig bleibt nur noch ein fein verteiltes Nichts – ein sogenanntes Quantenvakuum. In diesem Quantenvakuum gibt es keinen Vorgang mehr, indem sich eine Uhr benutzen ließe. Die Auflösung der Zeit gestattet auch keine Aussage mehr darüber, wie lange der Kosmos in diesem Zustand bleibt. Und es gibt niemanden mehr, der sich für die Zeit interessiert.

Im Universum funktioniert die Ordnung der Zeit nicht mehr. Hier gibt es nur die vierdimensionale Raumzeit. Raum und Zeit können nicht voneinander getrennt werden. Bisher haben wir gedacht, dass unsere Reise von der Geburt bis zum Tod eine fest gefügte Struktur in Raum und Zeit hinterlassen. Die theoretische Physikerin Fay Dowker ist der Auffassung, dass diese Struktur gar nicht so fest gefügt ist. Ihre neue faszinierende Aussage ist, dass die Raumzeit körnig ist und dass das Universum sich aus einem kleinen extrem dichten Zustand begann, unfassbar schnell zu expandieren. Dieser neue Ansatz ersetzt die Singularität der Relativitätstheorie durch ein äußerst kompaktes und dichtes Gebilde, das zwar eine sehr hohe, aber dennoch endliche Dichte aufweisen soll. Sie sieht das Universum als einen Quantenhaufen von Raumzeitkörnern. Zunächst wirkt die Raumzeit auf uns wie ein homogenes Ganzes. Doch das scheint uns nur so, weil wir selbst so groß sind und die Dinge nur im Makrobereich wahrnehmen können.
Nehmen wir einen Zuckerwürfel als Beispiel für ein Stück Raumzeit. Er erscheint uns solide. Ein fester Block. Aber beim näheren Hinsehen entdecken wir die Bestandteile des Würfels, die Zuckerkörner. Und so ähnlich verhält es sich mit den Raumzeitkörnern.

Auf der Elementarebene zerfällt alles in kleine Einheiten, und weil auf der Makroebene alles schön glatt ist, fällt die Granularität nicht auf. Ein Raumzeitkorn ist unvorstellbar klein: 10^{-42} m. Fay Dowker nennt sie Raumzeitatome. Hier kommen zwei Theorien zusammen, die mit der Relativitätstheorie Albert Einsteins kollidieren:

1. die Wirkung der körnigen atomaren Raumzeit
2. die Kausalität, dass Ursache vor Wirkung kommt.

Fay Dowker sieht diesen Widerspruch nicht. Sie sieht das Universum als Ereignisanhäufung, das ständig anwächst. Sie nennt das Kausalerei, ... das Vergehen von Zeit. Eine kausale Ebene kann sich mit immer neuen Raumzeitatomen anreichern, und vermutlich ist es das, was wir als vergehende Zeit beschreiben.

Die Gegenwart wird also aus hinzugekommenen Raumzeitatomen bestimmt. Die anderen sind aber auch noch da. Sie enden im großen Haufen der Vergangenheit. Und die Atome der Zukunft gibt es noch nicht. Wenn ein Atom erst einmal existiert, gehört es bereits der Vergangenheit an. Insofern trifft auch unser Gefühl zu, dass die Vergangenheit geschehen und nicht mehr zu ändern ist.

Fay Dowker[10]
Versucht nachzuweisen, dass die Zeit kein steter Fluss, sondern ein nie enden wollender Ereignisregen ist.

Interpretation:

Wenn es Fay Dowker gelingt, die Existenz einer granularen Welt zu beweisen, könnten wir von einem, uns bisher unbekannten Wirkungsraum sprechen, indem sich die Effekte durch die Quantenwelt hindurch bis in unseren sichtbaren Kosmos hinein entfaltet.

Das Universum müsste neu definiert werden. Einen Raum, den wir mit unseren fünf Sinnen nicht erfassen und dessen Dasein wir, wie schon bei der Elektrizität, nur an ihren Auswirkungen erkennen können.

Doch wer sagt uns, dass unter diesem Raum nicht noch weitere Aufteilungen verborgen liegen, die bei genauer Betrachtung für die Kreation von Leben auf unserem Planeten unbedingt benötigt werden?

---

[10] **Helen Fay Dowker,** geboren am 9 September 1965, ist eine englische Physikerin. Derzeit arbeitet sie Professorin für theoretische Physik am Imperial College in London. (Wikipedia)
Meine Interpretationen stammen aus Gedächtnisaufzeichnungen aus Internetvorträgen und TV-Sendungen

Seit Jahrzehnten sucht die Wissenschaft vergeblich nach einer THEO-
RIE VON ALLEM. Sollte der granulare Raum, wie schon bei der Quantenphysik, nur nach neuen physikalischen Gesetzen funktionieren,
liegt die Vermutung nahe, dass der SCHÖPFER VON ALLEM eine solche
Vereinigung gar nicht vorgesehen hat.

Existenz Wirklichkeit

und

LEBEN

Leben ist, wenn ein Stück Materie fortwährend etwas tut, sich bewegt, mit der Umwelt Stoffliches austauscht, und zwar während einer viel längeren Zeit, als wir unter gleichen Bedingungen von einem unbelebten Stück Materie erwarten, dass es in Bewegung bleibe. [11]
Erwin Schrödinger

Entstehung

Vermutlich hätte der Liebe Gott es gelassen, als er sich vor etwa 3,5 Milliarden Jahren entschloss, die Erde zu beleben. Zu viele Fehlschläge, zu viele Rückschläge und sein Meisterstück, das dabei ist, sich zu Tode vermehren. Es ist überhaupt erstaunlich, dass er dies zu einer Zeit tat, als die Erde – aus heutiger Sicht – noch absolut unbewohnbar war.

Der Planet war eingehüllt in einer heißen Atmosphäre aus Methan, Ammoniak und anderen giftigen Gasen, die langsam abkühlten.

---

[11] Piper Taschenbuch Bd.1134, Verlag: Piper 15. Aufl. Erscheinungstermin: Februar 1999

Erwin Rudolf Josef Alexander Schrödinger (* 12. August 1887 in Wien-Erdberg; † 4. Jänner 1961 in Wien-Alsergrund) war ein österreichischer Physiker und Wissenschaftstheoretiker.

Schrödinger gilt als einer der Begründer der Quantenmechanik und erhielt für die *Entdeckung neuer produktiver Formen der Atomtheorie* gemeinsam mit Paul Dirac 1933 den Nobelpreis für Physik. (Wikipedia)

Wasserdampf kondensierte zum Urmeer. Licht und Dunkelheit, Feuchtigkeit und Trockenheit, Hitze und Kälte, die ständig wechselnden Bedingungen ließen chemische Reaktionen aus einfachen Kohlenstoffverbindungen, Wasserstoff, Stickstoff, Schwefel und anderen Stoffen komplexe Moleküle zu, die schließlich Leben ermöglichten. Im Jahre 2017 fanden Göttinger Wissenschaftler in alten Gesteinen Westaustraliens organische Verbindungen, die die für Bakterien üblichen Kettenlängen aufwiesen.

Luca[12] - so heißt dieser letzte gemeinsame Vorfahre. Er muss bereits vor etwa 3,7 Milliarden Jahren existiert haben, so hat eine genetische Analyse heute lebender Organismen ergeben. Luca bestand aus einer einzigen Zelle und mochte es heiß – gerne so um die 100 Grad Celsius. Dem kernlosen Einzeller reichte Kohlendioxid, Wasserstoff, und Stickstoff zu seiner Existenz, möglicherweise auch Eisen und Nickel sowie Schwefel und Selen. Seinen Energiebedarf deckte Luca aus einfachen chemischen Reaktionen und ohne Hilfe von Sonnenlicht. Aus Luca entwickelten sich - der Theorie nach - alle heute existierenden Bakterien, Pilze, Pflanzen und Tiere.

Es geht um die großen Schritte: das Werden mit dem Ursprung des Lebens, der ersten Zellen, dem Ursprung des Menschen und der Tiere – und zuletzt dem Vergehen mit dem Tod.

Eine Hypothese besagt, dass die Bausteine des Lebens von viel älteren Himmelskörpern irgendwo im Weltraum über Asteroiden oder Kometen zur Erde gelangt sind. Tatsächlich wurden auf Kometen und Asteroiden und sogar in kosmischen **Gas- und Staubwolken** organische Moleküle identifiziert, die als Bausteine des Lebens betrachtet werden können - darunter so komplexe Formen wie Aminosäuren.

---

[12] Last Universal Common Ancestor

Lucas wissenschaftlicher Name ist eigentlich Prokaryota oder im Plural Prokaryoten. Oder einfach nur Bakterien.

Ein geschätzt 250 Millionen Jahre altes Bakterium gilt als ältestes Lebewesen auf der Erde. Es wurde in einem Labor der West Chester University in Pennsylvania entdeckt. Geborgen wurde es bei Bohrungen in einer Höhle in New Mexiko. Es überlebte die Jahre in einem größeren Salzkristall, worin sich etwas Salzlake befand, in über 600 Meter Tiefe. In einer Nährlösung entwickelte das Bakterium erneut Aktivitäten.

Bakterien sind Einzeller, haben einen Stoffwechsel und können sich selbst fortpflanzen. Viren bestehen dagegen nur aus einer Eiweißhülle, in der sie ihre Erbsubstanz aufbewahren. Bakterien vermehren sich durch Zellteilung. Viren besitzen keinen Stoffwechsel und können sich daher nicht selbst vermehren. Sie benötigen eine lebende Zelle – zum Beispiel ein Bakterium – als Wirt, in die sie ihre Erbsubstanz einbauen. Der Wirt sorgt für die Reproduktion des Virus. Viren sind nahezu zehnmal kleiner als Bakterien und sind erst unter einem Elektronenmikroskop erkennbar. Die meisten Forscher rechnen sie nicht zu den Lebewesen. Ihr Ursprung ist nicht bekannt. Man kann sie aber zumindest als „dem Leben nahe stehend" betrachten; denn sie besitzen allgemein die Fähigkeit zur Replikation und Evolution.

Bei der Entstehung des Lebens gab es zunächst nur Prokaryoten (Bakterien), die sich chemischer Moleküle bedienten, um zu spüren und zu reagieren. Hierdurch konnten sie bestimmte Verhältnisse in ihrer Umwelt und die Anwesenheit anderer Lebewesen wahrnehmen, um die Handlungen zu steuern, die notwendig waren, um ihr Leben in einem sozialen Umfeld zu organisieren und aufrecht zu erhalten.

Bakterien besitzen weder ein Gehirn noch einen Sinn. Dennoch können sie mit anderen Stammesgenossen kooperieren, ganz gleich, ob die mit ihnen über das Genom verwandt sind oder nicht. Die engsten Mitglieder ihrer Gruppe erkennen sich gegenseitig an ihren

Oberflächenmolekülen oder ausgeschiedenen Substanzen. Subjektive
Gefühle und kreative Intelligenz wirken in diesem Umfeld zusammen.
Sie kooperieren daher nicht mit Verwandten, die sich nicht der Gruppe
anzupassen vermögen, und weisen sie ab. Wenn Bakterien ein frucht-
bares Umfeld auffinden, können sie ein unabhängiges Leben führen.
In einem kargen Umfeld ballen sie sich zu Klumpen zusammen. Bakte-
rien nehmen wahr, wie groß die Zahl von Individuen ist, die ihre
Gruppe umfassen. Je nach Stärke können sie die Verteidigung ihres
Territoriums aufnehmen oder nicht. Sie können sich physisch durch ei-
nen Zaun abgrenzen, indem sie durch Molekülausbildung einen
Schleier bilden.

Der Mensch ist wegen der vielen Mikroorganismen in seinem Körper
ein Ökosystem, kein Einzelwesen. Sein Körper ist immer wieder den
Angriffen fremder Bakterien ausgesetzt. Mikroorganismen sind daher
ein wichtiger Bestandteil. Es ist ihre Aufgabe, das Gleichgewicht im
Mikromilieu zu erhalten oder dies wiederherzustellen.

Viren bilden die größte und vielfältigste Gruppe unter den Mikroorganismen. Ein Gramm Kot enthält bis zu einer Milliarde Viren, aber nur
hundert Millionen Bakterien. Viren sind weder konstant krankheits-
auslösend noch immer und überall harmlos, was die Unterscheidung
zwischen Freund und Feind sehr viel komplizierter macht als bei Bakterien. Außerdem hängt der Ausgang einer Virusinfektion vom Gesundheitszustand und dem Immunstatus des Betroffenen ab. Viren
sind unverzichtbar. Die Tatsache, dass acht Prozent des menschlichen
Erbguts viralen Ursprungs sind belegt, dass es eine lange und frucht-
bare wechselseitige Anpassung zwischen Menschen und Viren gegeben haben muss und noch immer gibt.

Der Nutzen von Viren lässt sich sehr viel schwerer beziffern als der
Nutzen der Bakterien und Pilze. Viren bringen eine Reihe von Beson-
derheiten mit, die sie zu problematischen Mitstreitern machen. Dazu
gehört, dass Viren lebende Zellen infizieren müssen, weil sie mit den

wenigen Genen keinen kompletten Lebenszyklus bestreiten können. Die virale Gemeinschaft im menschlichen Körper besteht aus vier Gruppen: Viren, die menschliche Zellen befallen, Viren, die sich über die Bakterien und Pilze im Körper hermachen, Pflanzenviren, die mit der Nahrung in den Darm gelangen, und die virale DNA, die im Laufe der Evolution im Erbgut des Menschen zurückgeblieben ist.

Für den Übergang von frühen Lebensformen zum heutigen Leben der Menschen waren Gene von zentraler Bedeutung. Wie sie entstanden, weiß man nicht genau. Vermutlich geschah dies mittels Zellen ohne Zellkern, den Prokaryonten, und später vielzelligen Lebewesen, in denen Organsystem, wie Kreislauf, Immun- und Nervensystem und zuletzt Geist, Gefühle, Bewusstsein und den Apparat der Affekte hervorbrachten. Ohne solche Organsysteme hätten vielzellige Lebewesen ihre übergeordnete Homöostase[13] nicht aufrechterhalten können. Zuletzt waren durch die natürliche Selektion die Voraussetzungen die genetische und kulturelle Evolution geschaffen worden.

Das Leben auf der Erde

Entstehung der Erde	vor +/- 4,7 Milliarden Jahren
Chemie und Protozellen	vor 4,0 - 3,8 Milliarden Jahren
Erste Zellen	vor 3,8 - 3,7 Milliarden Jahren
Eukaryontenzellen	vor 2 Milliarden Jahren
Vielzellige Organismen	vor 700 bis 600 Millionen Jahren
Nervensysteme	vor +/- 500 Millionen Jahren

---

[13] Selbstregulation eines biologischen Systems oder einfacher: In jeder Zelle prägt sich der Wille aus, sich selbst am Leben zu erhalten und weiterzukommen. Quelle: Antonio Domasio: Im Anfang war das Gefühl: Der biologische Ursprung menschlicher Kultur Gebundene Ausgabe – 16. Oktober 2017

Verstand bestimmtes Leben

Am Anfang gab es nur Wahrnehmungen und Reaktionen einzelner Organismen, die zu Bewegungen ihres Körpers in der Lage waren. Es gab weder Augen noch Ohren, sondern lediglich Signalmoleküle. Der Weg zum Verstand begann mit elementarer Wahrnehmung und Reaktion. Sie gingen dem Verstand voraus. Zur Wahrnehmung benötigen wir natürlich unsere Sinne, wie Seh-, Hör-, Tast-, Geschmacks- und Geruchsorgane, so wie sie es die Wahrnehmung gerade erfordert. Die Inhalte einer Wahrnehmung können wir, wenn auch unvollständig, an das Gedächtnis weitergeben.

Tiere, unsere Mitbewohner und unsere besten Freunde

Menschen erschaffen im Gegensatz zu allen anderen Lebewesen eine spektakuläre Vielfalt an Gegenständen, Handlungsweisen und Ideen, die zusammenfassend als Kultur bezeichnet werden. Dazu gehören Kunst, Philosophie, Moralsysteme, Glaube, Ideen von Gerechtigkeit, wirtschaftliche Institutionen und Wissenschaft. Man erklärt dies mit dem außergewöhnlichen Intellekt des Menschen.

Dennoch sind Tiere zu erstaunlichen intellektuellen Leistungen fähig, obwohl sie, im Vergleich zum Menschen bescheiden sind. Grund hierfür ist vor allem das Fehlen einer gemeinsamen Zielsetzung und eine verbale Sprache. Die „Verständigung" zwischen Menschen und Tieren ist daher schwierig. Die Frage, ob bei sogenannten "höheren" Lebewesen (z. B. Säugetieren) "quasireligiöse" Verhaltensweisen denkbar sind, ist nicht definitiv zu beantworten. Freilich, die Entwicklungstheorie ergab sich bekanntlich aus der Beobachtung von fossilen und lebenden Formen. Unter Berücksichtigung ihres Auftretens in den geologischen Zeiträumen ergibt sich eine Stufenleiter von Differenzierung und Höherentwicklung. Seit Darwin sind weitere hinzugekommen: hierzu auch solche, die das Verhalten bzw. die Verhaltenspsychologie betreffen. Heute gehen Biologen davon aus, dass menschliches Verhalten bereits im Verhalten der Wirbeltiere angelegt ist. Selbstverständlich muss man auf dieser niedrigen Entwicklungsstufe von einem Erkenntnisgewinn im Rahmen der anspruchsvollen philosophischen Begriffe, wie Glaube und Transzendenz, absehen. Zu erwarten wären bestenfalls Verhaltensweisen, die eine Tendenz in Richtung dieser Begriffe aufweisen.

Das im angesprochenen Zusammenhang wohl bekannteste Verhalten ist das oft beobachtete selbstlose, uneigennützige und aufopfernde Verhalten mancher Tiere. Ratten fühlen mit ihren gefangenen Freunden und helfen ihnen - sogar, wenn sie selbst davon keinen Vorteil haben.

Und wie sieht es mit dem Kunstempfinden bei Tieren aus? Komplizierte Vogelgesänge u. a., Kritzeleien und Malereien von Menschen- und Kapuzineraffen zeigen, dass gewisse grundlegende ästhetische Empfindungen bei höheren Tieren vorausgesetzt werden können. Im visuellen Bereich sind bestimmte Farben, Farbkombinationen und Kompositionen ästhetisch erkennbar. Alle Vorbedingungen und Vorstufen des menschlichen Geistes finden wir also schon bei Tieren, aber bei keiner Art alle beisammen.

Allen gemeinsam sind auch die Gefühle. Ihr Inhalt hat immer mit dem Körper des Lebewesens zu tun, in dem sie entstehen. Gefühle spiegeln das Innere eines Organismus, d. h. den Zustand der inneren Organe und der inneren Abläufe über die Nervenbahnen. Sie vermitteln uns von Augenblick zu Augenblick einen Bericht über den Gesundheitszustand im Inneren eines Organismus. Wann und wo in der Evolution die Gefühle tatsächlich auftauchten, ist nicht feststellbar. Wirbeltiere haben nach meiner Beobachtung Gefühle. Und manche vermuten, dass auch Insekten über ihr Nervensystem zu begrenzen Gefühlen fähig sind.

Als bei späteren Organismen die Nervensysteme entstanden waren, wurde ein Verstand möglich, und mit ihm auch Sinnesempfindungen sowie Abbildungen, die die Außenwelt und ihre Beziehung zum Organismus repräsentieren. Unterstützt wurden solche Bilder durch Subjektivität, Gedächnis, Vernunft sowie schließlich durch verbale Sprache und kreative Intelligenz. Später entstanden dann die Geräte und Praktiken, aus denen Kulturen heute bestehen. Gefühle sind dabei interagierende Erscheinungen von Körper und Nervensystem.

Auch wenn Computerprogramme inzwischen in der Lage sind, Schachweltmeister zu schlagen, ist die Annahme, Lebewesen seien Algorithmen, falsch. Algorithmen sind Formeln, Rezepte, Aufzählung von logischen Schritten zur Erlangung eines erwarteten Resultats. Menschen nutzen Algorithmen zur Erhaltung ihres Lebens. Aber sie selbst sind keine Algorithmen. Lebewesen sind eine Ansammlung von Geweben, Organen und Systemen, und jeder einzelne Bestandteil ist ein verletzliches lebendes Gebilde, das aus Proteinen, Fettsubstanzen und Zuckern besteht.

Die Wissenschaft vertritt die These, dass der Mensch unvermeidlich ist - und seine Entwicklung bis hin zur Komplexität und Intelligenz - Programm ist: „Wir sind eingeschrieben in die Gesetze des Universums", heißt es oft. Begründet wird die mit der Konvergenz[14]. Das heißt, dass dieselbe Lösung unabhängig voneinander entwickelt wurde. Manchmal mehrmals. Aus den bisherigen Befunden – hierunter auch die Konvergenz – auf **Nichtzufälligkeit** kann dies geschlossen werden. Viele sind sogar davon überzeugt, dass die Evolution vorhersehbar ist. Am Anfang gab es einen See von Partikeln. Und wir wissen wenig darüber, wie sich ein Element in ein anderes verwandeln konnte. Das gilt besonders für das Leben. Wir kennen die Bausteine einer primitiven Zelle und wir wissen wie sie aussieht. Aber wie es von dem einen zu dem

---

[14] Konvergenz: Evolution von ähnlichen morphologischen und physiologischen Eigenschaften in nicht verwandten Organismen.

anderen gekommen ist, wissen wir nicht. Ein Problem bei der Entstehung des Lebens ist, dass die notwendigen Elemente sehr instabil sind. Das Genom spielt dabei nicht so sehr die zentrale Rolle, wie es heute allerorten berichtet wird. So gibt es beispielsweise kein Gen für das Gehirn. Es kann kein genetisches Programm für das Gehirn geben, weil es einfach zu kompliziert ist. Was es aus uns Menschen macht, übersteigt uns.

Eine wirkliche Auflösung von Zufall, Notwendigkeit oder Konvergenz in der Evolution kann es möglicherweise erst geben, wenn außerirdisches Leben entdeckt wird, das erkennbar eine vom irdischen Leben völlig unabhängige Geschichte hat.

Bewusstsein, die erste Ordnungsmacht nach der Wahrnehmung

Was für ein tolles Wesen ist es doch, unser Bewusstsein! Wir schauen in den Himmel und wissen, wir sind mit allem verbunden, weil alles im Universum aus denselben Grundbausteinen besteht. Welch ein fantastischer Gedanke: Der Baum vor unserer Haustür ist unser Verwandter - zumindest atomistisch. Das Bewusstsein ordnet damit unser Wissen über das Universum zu einer Weltformel, jedenfalls für den Bereich der Biologie.
Und dennoch ist Bewusstsein etwas sehr Persönliches; ein hochempfindliches, leicht angreifbares mentales Instrument, das uns erlaubt, die ganz private Welt um uns herum zu erleben und uns sogar erlaubt, über uns selbst ein Urteil zu bilden. Das Bewusstsein formt aus unseren Wahrnehmungen eine Geschichte. Diese können sowohl aktuelle, wie auch gespeicherte Wahrnehmungen sein. Die Tiefe des Erlebnisses hängt dabei von der empfundenen Intensität der Wahrnehmung ab. Wenn wir beispielsweise von der Handlung eines Films absorbiert werden, denken wir nicht mehr an uns selbst, sondern lenken unsere Anteilnahme ganz auf das Thema des Films. Wenn diese Anteilnahme derart mit eigenen Erfahrungen einhergeht, dass der Verstand sich mit

der angebotenen Handlung synchronisiert, gerät unsere Homöostase ins Schlingern und es kann passieren, dass aus der Anteilnahme ein prägendes Erlebnis wird, das uns bis an unser Lebensende begleitet.

Sich etwas bewusst machen bedeutet in der Reihenfolge:
Ein Ereignis wahrnehmen – die Wahrnehmung als Erkenntnis einordnen – die Erkenntnis vollumfänglich verstehen – und zuletzt der Bewusstseinsebene zuordnen.
Beispiel: Jemand wird Zuge eines Verbrechens (Ereigniswahrnehmung) – er ordnet die Tat als schwerwiegend ein (Erkenntnis) – er handelt (Verstehen) – er speichert den Vorgang ab (Bewusstsein).

Charisma (griechisch χάρισμα chárisma)

Bisher kann die Wissenschaft charismatische Ausstrahlungsformen nur an ihren Wirkungen erkennen. Meiner Vermutung nach handelt es sich um eine Kraft, die im Bewusstsein ihren Ursprung hat und hiernach und über die Nervenbahnen nach außen erkennbar wird.

In der täglichen Umgangssprache sind damit die Ausstrahlung und Anziehung gemeint, die manchen Menschen anhaften. Der Begriff ist in der Regel mit der Authentizität und Offenheit dieser Personen verbunden, die uns durch ihre Körpersprache und ihr Verhalten beeindrucken. Hat man es von Geburt an oder kann man Charisma erlernen? Was steckt hinter dieser Authentizität und Offenheit?

Man unterscheidet daher zwischen

- die erworbene Ausstrahlung, z.B. bei charismatischen Politikern
- die von der Schöpfung verliehene besondere Gabe, z.B. Marylin Monroe

Ich möchte mich an dieser Stelle Max Weber[15] nähern:

„Charisma", sagt Max Weber, „soll eine als außeralltäglich geltende Qualität einer Persönlichkeit heißen, um derentwillen sie als mit über- natürlichen oder übermenschlichen oder mindestens spezifisch außer- alltäglichen, nicht jedem anderen zugänglichen Kräften oder Eigen- schaften begabt oder als Gott gesandt oder als vorbildlich und deshalb als Führer gewertet wird." [16]

Unter Qualität verstehe ich dabei eine Kraft, die wir zwar spüren, aber bisher nicht erklären können. Charismatische Menschen arbeiten in der Regel mit positiven Gefühlen – sie erhellen den Raum, den sie be- treten, und stecken andere mit ihrer positiven Energie an.

Aber darunter liegen noch andere, komplexere Verhaltensweisen. Da- bei erfasst die emotionale Kontrolle die Fähigkeit, die eigenen Gefühle und Gefühlsausdrücke gut zu kontrollieren. Charismatische Menschen treten deshalb selten in ein Fettnäpfchen oder erschrecken uns mit Wutausbrüchen.

Sensitivität ist es, die es charismatischen Menschen ermöglicht, schnell sehr tiefe emotionale Verbindungen zu anderen Menschen aufzunehmen. Die soziale Facette sorgt dafür, dass sie die Stimmung und Atmosphäre in Gruppen schnell erfassen und sich taktvoll auf sie einstellen. Die emotionale Kontrolle lässt sie wohlwollend und

---

[15] **Maximilian Carl Emil Max Weber** (* 21. April 1864 in Erfurt; † 14. Juni 1920 in München) war ein deutscher Soziologe und Nationalökonom. Obwohl seiner Ausbildung nach Jurist, gilt er als einer der Klassiker der Sozio- logie sowie der gesamten Kultur- und Geschichtswissenschaften. (Wikipedia)

[16] Max Weber, Politik als Beruf, Reclam 1997, S 8.

einfühlsam auf Einzelne zugehen und vermittelt ihnen das Gefühl, in diesem Moment der einzig wichtige Mensch zu sein. Dabei wurde festgestellt, dass neben der Eloquenz auch die Körpersprache einen sehr großen Einfluss darauf hat, ob jemand als charismatisch wahrgenommen wird, oder nicht. Besonders faszinierende Schauspieler, Politiker oder Musiker sind mit ihrem Körper ebenso ausdrucksstark wie mit ihren Worten. Sie lächeln viel, haben eine große Bandbreite an emotionalen Gesichtsausdrücken und eine lebendige Körpersprache, und in der Regel eine freundliche und gleichzeitig leidenschaftliche Stimme.

Im religiösen Bereich wird diese Kraft für die Schaffung jenseitiger Autoritäten genutzt, die dann von überzeugten Anhängern für wahr gehalten werden.

Im Bereich der modernen Wirtschaft versucht man charismatischen Kräfte durch Vorbildfunktion zu erzeugen. Das Ziel ist, beispielsweise Mitarbeiter durch eigene Leistung zu überzeugen:

- effizienter zu arbeiten
- besser mit Misserfolgen umgehen
- Eigenverantwortung für die geleistete Arbeit zu übernehmen
- Eigene Strategien zu entwickeln
- Den Arbeitsplatz mit positiven Gefühlen zu verbinden
- Die Zusammengehörigkeit zu stärken. In Krisensituationen. Auf der Basis gegenseitiger Wertschätzung zusammenzuhalten
- und sie in den Glauben versetzen, permanent gefördert zu werden.

Was charismatische Menschen ausmacht

- Charismatiker kennen ihre Stärken und entwickeln sie weiter. Humor, Interesse an Menschen, Wortgewandtheit gehören zu ihren hervorstechenden Eigenschaften.
- Charismatiker halten mit Gefühlen nicht hinterm Berg. Charismatische Begabungen werden „intensiv", wenn ihnen etwas wichtig ist.
- charismatische Persönlichkeiten zeigen Mut zum Risiko und eiern nicht herum. Mit Kollegen und Mitarbeitern gehen sie ehrlich und direkt um - aber ohne jemanden vor den Kopf zu stoßen.
- Charismatiker gehen offen auf andere Menschen zu und nehmen deren Probleme ernst. Sie fühlen mit und wirken authentisch dabei (so beispielsweise der frühere amerikanische Präsident Bill Clinton).
- Charismatiker sind völlig resistent und unempfänglich gegenüber Einflüssen anderer charismatischer Menschen.
- Die Wirkung charismatischen Menschen nutzt sich ab, das Feuer verraucht (Phänomen Fußballtrainer Jürgen Klinsmann). Ihre Wirkung auf Organisationen ist keineswegs unumstritten. Charismatische Führer putschen Menschen erst auf, die danach in ein tiefes Loch fallen.

Charisma ist bei Max Weber ein wertfreier Begriff. Er passt haargenau auf Hitler und Stalin. Wer nur den „reinen" Typus charismatischer Herrschaft sucht, landet bei Schamanen, Religionsgründern und Propheten. Wer sich aber auf die Realität einlässt, wird

- Massenenthusiasmus,
- außeralltägliche Hingabe,
- Vertrauen zum Führer und
- Anerkennung durch die Beherrschten finden.

Als Menschen mit Charisma gelten:
Ronald Reagan, Winston Churchill, Dr. Martin King, Napoleon, Bill Clinton, Arnold Schwarzenegger, Mahatma Gandhi, John F. Kennedy, Marilyn Monroe, Adolf Hitler, Princess Diana, Steve Jobs, Barack Obama.

Charisma am Beispiel Adolf Hitlers
Hitler stand vor einer Rede zunächst regungslos. Sein nicht besonders anziehendes Gesicht belebte sich, sobald er vor einem großen Publikum zu reden begann. Explosionsartig erweckte den Eindruck, in persönlichem Kontakt mit jedem einzelnen Zuhörer zu stehen. Das Publikum gehörte jetzt ihm.

Ein junger Offizier aus der Abwehrabteilung Z, Generalmajor Hans Oster, berichtete Jahrzehnte später im Deutschen Fernsehen: „Es kam vor, dass der Hitler plötzlich in der Tür stand. Schlagartig erstarb jedes Geräusch im Raum und wir alle starrten auf den Führer – so wie die Kaninchen vor der Schlange.“

Weber beschreibt den charismatischen Hitler als jemanden, der in seiner Gesellschaft auf nicht alltäglichem Weg zur Rolle des Führers und so zur Herrschaft gelangt. Bei diesem Typ der Herrschaft, so sah es Weber, war die Bindung des Parteigefolges an die Parteiführung nicht mehr hauptsächlich durch soziale Interessen und soziale Herkunft bestimmt. Sie beruhte in erster Linie auf den *persönlichen Qualitäten* des Führers, auf dessen Magnetismus, seinem Charisma.

In einer Situation, in der die alltäglichen Handlungsrezepte versagen, sind Menschen oft geneigt, sich Führungsgruppen anzuvertrauen, die neue, sozial noch nicht erprobte Problemlösungen anbieten. Die Ungewissheit über das neue Rezept wurde hier durch das Charisma Hitlers wettgemacht. Er hatte die Gabe, sich selbst überzeugend als Sendboten einer neuen Botschaft vorzustellen und andere von der Richtigkeit dieser Botschaft zu überzeugen. Und nach den ersten Erfolgen verband sich mit dieser Überzeugung ein Gefühl der Allmacht.

Es ist bekannt, wie er nach einem Vortrag die Kinder zu sich rief und ihnen gleichsam segnend die Hand auf den Kopf legte. Sie standen nun unter seinem Schutz. Und das gleiche Gefühl erweckte er in seinen Anhängern. Er war, wie er selbst es einmal ausdrückte, der lebende Gott. Ihm konnte man sich anvertrauen. Hitler forderte die bedingungslose Hingabe der Geführten. Für sie traf er immer die richtigen Entscheidungen, im Guten wie im Bösen.

Adolf Hitler ertrank zuletzt im Hegemonialrausch seiner dämonischen Herrschaft. Bei ihm hatte dieser Rausch, so wird vermutet, zuletzt den Charakter einer schweren psychischen Erkrankung. Und unzählige Menschen, die ihm gefolgt waren, hatten in einer Art und Weise gehandelt, zu denen sie allein nicht fähig gewesen wären.

Als Mitglied einer Masse zu agieren erhöht das Gefühl der eigenen Macht. Es kann sich steigern, bis hin zu dem Gefühl, allmächtig zu sein. Gebote des individuellen Alltags verlieren ihre Gültigkeit. Menschen in der Masse sind zu Gewalttaten fähig, die sie allein nicht begehen könnten (z.B. das Ehepaar Joseph Goebbels).

Resultat:
Wir wissen nicht wirklich, was Charisma ist. Wir wissen jedoch, dass die Ausstrahlung eines Menschen durch physikalische, naturalistische oder neurophysiologische Einflüsse deutlich verstärkt werden kann. Je nach Beispiel würde man eine Hirnverletzung (bei Gewaltverbrechen), eine genetische Mutation oder psychische Pathologien (mangelnde Empathie, Narzissmus, etc.) verantwortlich machen. Denkbar sind auch chemische Vorgänge oder andere Formen neuronaler Vernetzungen.

Wir können nur hoffen, dass der zerebrale Code nie entschlüsselt wird. Sollte dies doch irgendwann passieren, werden die Menschen sofort beginnen, Monster zu kreieren und zu klonen. (W. B.)

Gewalt als attraktive Alternative?

Eine Ursache für Gewalt ist die Entwicklung neuronaler Emotionsfunktionen, die bereits bei Menschenaffen zu beobachten sind. Gewalt wurde vor allem bei Männern beobachtet. Kämpfe gegen den Hunger und zur Verteidigung des Reviers rechtfertigten solches Handeln. Die Menschen haben dieses Potenzial bis heute mitgenommen, und der Evolution ist es bis heute nicht gelungen, dieses unseligste aller Erbmerkmale auszurotten.

Drei Typen von Gewalt unterscheidet der Literaturwissenschaftler und Sozialtheoretiker Jan Philipp Reemtsma:

- *lozierende Gewalt, die einen anderen Körper entfernt, weil er der Verfolgung eigener Interessen im Wege steht (z. B. Krieg, staatliche Hinrichtungen, Raub und Mord),*
- *raptive Gewalt, die sich des anderen Körpers bemächtigt, um ihn für seine Interessen zu benutzen (vor allem in Formen sexueller Gewalt), und*
- *autotelische Gewalt, die im Unterschied zu den beiden erstgenannten Gewaltformen keinem außerhalb der Gewalthandlung(en) liegenden Zweck dient, sondern vielmehr um ihrer selbst willen angewandt wird. Hierunter versteht Reemtsma ausdrücklich den unmittelbaren Lustgewinn Jener, wenn sie Gewalt anwenden (schrecken, quälen, foltern) können.*

Warum brennen in europäischen Vorstädten Autos? Warum gründen junge Leute ein Terror-Gebilde namens RAF und ermorden Menschen? Warum zieht ein Kölner Rapper in den Irak und tötet als Dschihadist vor laufender Kamera Menschen? Das fragen wir uns immer wieder.[17]

---

[17] Gesellschaft - Gewalt - Vertrauen: Jan Philipp Reemtsma zum 60. Geburtstag von Bielefeld, Ulrich, et al. | 26. November 2012

Jan Philipp Reemtsma[18]
Die Natur der Gewalt als Problem der Soziologie

„Wie ertragreich es sein kann, auf ein bürgerliches Leben zu verzichten, zeigen zahlreiche Beispiele von Gewalt als attraktive Lebensform, von der Antike bis zum IS. Sie ist anziehend, weil sie ein verführerisches Angebot enthält: das der Grenzenlosigkeit und der Entgrenzung.

Den großen Thrill bietet dieses Grenzenlose jedoch nur dann, wenn es ad hominem zielt, wenn es nicht zur Gewalt gegen Sachen, sondern gegen Menschen führt, wenn es – rücksichtslos und zerstörerisch – auf Kosten des Anderen geht. Die licence to kill als „die Selbstermächtigung zum großen Du-darfst!".

Das bürgerliche Leben wird bei einem derartigen Verständnis zum abzulehnenden Kompromiss.

Attraktiv ist die „Versuchung durch Grenzenlosigkeit", weil sie mit einem Schlag und großer Geste von der täglichen Last der Selbstkontrolle, der Rücksichtnahme, des Sichzurücknehmens befreit. Gewalt als attraktive Lebensform besitzt eine Grandiosität, die dem bürgerlichen Leben grundsätzlich abgeht.

Bei einem bürgerlichen Leben ist alles vermittelt, eingekastelt, jeder Mensch ist vereinzelt, abhängig, weithin ohnmächtig; nie kann er das Gefühl haben, Teil eines großen Ganzen oder gar das große Ganze

---

[18] Reemtsma (2008). In K. -S. Rehberg (Hrsg.)

Jan Philipp Reemtsma (* 26. November 1952 in Bonn) ist ein deutscher Germanist, Publizist und Mäzen, dessen Wirken von der Literaturwissenschaft bis zur sozialwissenschaftlichen Gewaltanalyse reicht.[1] Im Jahr 1996 wurde er Opfer einer Entführung. Von 2012 bis Ende 2015 war er als Honorarkonsul der Republik Slowenien für Hamburg und Schleswig-Holstein tätig.

selbst zu sein. Sein Leben ist ein ständiger Kompromiss, und es fällt ihm nicht leicht, diese Kompromisse als segensreich zu erleben.

*Immer wäre das Eigentliche **mehr** und viel **größer**. Das Allergrößte aber ist die Selbstermächtigung, den Körper eines anderen zerstören zu dürfen.*

Die bürgerliche Gesellschaft hat die direkte Macht, die der Zerstörung des anderen Körpers (z. B. staatliche verfügte Hinrichtung) ihren extremen Ausdruck findet, abgeschafft. Gewalt kann dagegen als Lebensform attraktiv werden."

RESÜMEE
Ein Verständnis für Gewalt kann es niemals geben, um extrem gewalttätiges Handeln im Krieg oder in totalitären Systemen zu erklären. Der kulturgeprägte Mensch sollte angesichts seiner kreativen Intelligenz in der Lage sein, kollektive Gewalt mit vorgegebener Zielsetzung auszurotten. Das setzt allerdings voraus, dass er die Menschenwürde und die Achtung vor dem Leben als nicht verhandelbare, heilige Werte postuliert. Er sollte die Vereinten Nation endlich ertüchtigen, dies zu gewährleisten."

Glaube - ein verblassendes Licht am Horizont des Abendlandes? Was ist das, Glaube**?**

„Glaube aber ist: Feststehen in dem, was man erhofft, Überzeugt sein.
Paulus[19]*– Hebr 11,1 EU*

---

[19] **Paulus von Tarsus** hebräischer Name *(Saul)*, lateinisch *Paulus*; * vermutlich vor dem Jahr 10 in Tarsus/Kilikien; † nach 60, vermutlich in Rom) war

"Allah – kein Gott ist außer Ihm. Dem Ewiglebenden, Dem Einzigerhal-
tenden. Er hat das Buch mit der Wahrheit auf Dich herabgesandt"
Der Koran[20]

„alles, was, außer dem guten Lebenswandel, der Mensch noch tun zu können
vermeint, um Gott wohlgefällig zu werden, ist bloßer Religionswahn und Af-
terdienst Gottes."
Kant, *– RGV. Viertes Stück. Zweiter Teil. §2. (Wikipedia)*

Stephen Hawking
„Indes gilt es als akzeptiert, dass es eine Instanz gibt, die keinen Schöp-
fer braucht und die heißt Gott. ... Wir behaupten jedoch, dass es mög-
lich ist diese Fragen (Erschaffung des Universums) ausschließlich in den
Grenzen der Naturwissenschaften und ohne Rekurs auf göttliche We-
sen zu beantworten"[21]

Man muss schon als Kind in eine dieser Glaubenswelten hineingeboren
werden, um sich auch in späteren Jahren als fest in einem solchen Bekenntnis stehend zu begreifen. Dabei gerät der Christ, der durch den
Akt der Taufe zu lebenslanger Mitgliedschaft gezwungen und zur Kir-
chensteuer genötigt wurde, in reiferen Jahren in eine schwere Kon-
fliktfalle: Gott oder Hölle?

Noch nie wurden in Deutschland die Inhalte des christlichen Glaubens
von ihren Mitgliedern so sehr angezweifelt wie in unsere Zeit. 350.000
Kirchenaustritte und 500 aufgegebene katholische Kirchen im Jahre
2016 belegen das. Nach dem Zweiten Weltkrieg gehörten 90 % der Bevölkerung einer der beiden Religionen an, heute sind es 55 %.

---

nach dem Neuen Testament(NT) ein erfolgreicher Missionar des Urchristentums und einer der ersten christlichen Theologen. (Wikipedia)

[20] **Der Koran** Lies Stiftung Köln, Powerdruck 20 Aufl. 2014, S. 39
[21] Der große Entwurf, Rowohlt Verl., 2. Auflage 2010, S. 168

Ursache hierfür sind die schweren Verbrechen der Kirchen in der Vergangenheit, das Festhalten an nicht vermittelbaren Dogmen, vor allem aber die Macht der Aufklärung. Letztere stellte durch die Berufung auf die Vernunft als universelle Urteilsinstanz und gestützt auf wissenschaftliche Belege, die Glaubensinhalte der christlichen Lehre zunehmend infrage. Am Ende war es der zunehmende Wohlstand der Bevölkerung durch die Industrialisierung, dem die Kirchen wenig entgegenzusetzen wussten. Bis heute klammern sie sich an ihren Glaubenssätzen und setzen auf eine Moral, die Leid verursacht und daher als unethisch anzusehen ist. Ihr moralischer Kompass hilft lediglich bei der Orientierung zwischen Himmel und Hölle. Der ethische Kompass hingegen bildet die vollen 360 Grad ab, die das Leben zu bieten hat.

Angesichts dieser Vergangenheit, die wachsendende Kenntnis über immer neue schwere Straftaten, sollten sich die christlichen Kirchenfürsten fragen, ob ihr Anspruch, Stellvertreter Gottes auf Erden und somit religiöses Leitbild für glaubenssuchende Menschen zu sein, noch zu vermitteln ist. Ganz abgesehen von der Tatsache, dass es neben dem Planeten Erde wahrscheinlich noch Milliarden weitere Erden in unserem Universum gibt.

Interessanterweise ist den Menschen, für die der Glauben keine Bedeutung mehr hat, das Bedürfnis nach Spiritualität geblieben. Sie fühlen sich auch ohne konfessionelle Vorgaben autark. Dogmatisch vorformulierte Antworten auf Sinnfragen empfinden sie als leer. Sie begeben sich lieber auf eigene spirituelle Wege und auf der Suche nach eigenen Erfahrungen; glauben aber weiterhin an eine höhere Macht. Für sie ist der Glaube zur Privatsache geraten.

Das Christentum ist müde geworden und wurde mit den Jahren immer ausgeleerter. Augenscheinlich ist es nicht mehr in der Lage, den Gegenbewegungen zu trotzen. Die historische Vorstellung, mit dem Glauben das Unerklärliche zu erklären, genügte schon lange nicht mehr.

Die dogmatischen Lehraussagen verloren ihre Kraft und erkalteten ebenfalls. Geblieben ist ein eigenartiger Spiritismus. Wallfahrtsorte haben Hochkonjunktur und die Suchende glauben an diesen Stätten, die erträumten Beweise für ihre Hoffnungen zu finden.

Die Wissenschaft räumt ein, für viele dieser Gotteserscheinungen keine Erklärung zu haben. Die katholische Kirche bezeichnet dies, wenn der Erleuchtete ein gottesfürchtiges Leben geführt hat, nach eingehender Prüfung als Wunder; denn für sie steht Gott über den Naturgesetzen. Die Medizin versucht mit erheblichem Aufwand, diese Spontanheilungen zu verstehen. Man hat festgestellt, dass das Immunsystem, das normalerweise keine Tumore erkennt, in diesen äußerst seltenen Fällen aktiv wird, und die Metastasen beseitigt. Der Patient wird gesund. Es wäre eine Revolution in der Krebsforschung, wenn es gelänge, diesen Vorgang gezielt einzuleiten. Die Patienten bräuchten dann nicht mehr auf ein Wunder zu hoffen. Wunder können für eine solche, extrem seltene Situation als wissenschaftlich klassifiziert werden. Wenn es sich aber um ein Phänomen handelt, das nicht zu verstehen ist, eröffnen sich für die Wissenschaft viele Erklärungsansätze.

Auch die Psychologie zweifelt in mancherlei Hinsicht, weil sie viele Erscheinungen nicht erklären kann. Sie weist aber ausdrücklich darauf hin, dass man die Evolutionstheorie nicht als einzig wissenschaftlich begründete Theorie stehen lassen kann. Das wäre unsachlich. Es ist aber auch schwer zu glauben, dass Gott nur dem einen und nicht auch dem anderen hilft.

Anders der Islam. Obwohl auch dort starke Säkularisationstendenzen festzustellen sind (nur noch 33 % beten und im Iran und in der Türkei gehen nur noch 15 – 18 % regelmäßig in die Moschee), wurden ihre Glaubensinhalte bisher niemals infrage gestellt.

Ihre Religionsführer – die gleichzeitig ihre Staatslenker sind, verweisen nach wie vor mit aller Strenge auf die Beachtung der religiösen

Vorgaben des Korans und ahnden die Nichtbeachtung mit drastischen Strafen nach eigenen Gesetzen. Fundamentalistische Muslime in christlichen Ländern scheuen sich nicht, ihren Gesetzeskodex über die Grundgesetze ihrer Gastländer zu stellen. Auch wenn sich Frauen und Intellektuelle sichtbar aus den meist bildungsfernen Moscheen zurückziehen, hat der Islam nichts von seiner Kraft eingebüßt und gilt daher zu Recht als heiße Religion.

Sein Eindringen in christlich geprägte Räume lässt ihn immer noch in allen Kontinenten, in denen er ankommt, zum Staatsproblem werden. Nach nur vier Jahrzehnten konnte der sich Islam in Europa ungehindert als wesentliche Glaubensautorität etablieren. Die Scharen von Muslimen und ihre mächtigen Moscheen bekunden den Erfolg dieses einmaligen, drastisch wahrnehmbaren Unterwanderungsfeldzuges. Wie ist das möglich? Lässt sich die ungebrochene Kraft dieser Religion damit begründen, dass ihr rigider Gott ein anderer ist als der Gott der Liebe?

Die abrahamitischen Religionen haben meiner Ansicht nach zu wenig geleistet. Mit ihren strengen religiösen Ansprüchen haben sie eine Verzerrung mentaler Prozesse bei ihren Anhängern bewirkt. Prozesse, die neben der Verklärung gutgläubiger Menschen, Angst und Schrecken verbreiten und die ihre Führer trotzdem als legitimes Mittel zur Verbreitung ihrer Glaubenslehre anwandten. Die Kant'sche Aussage: „Der Glaube einer gottesdienstlichen Religion ist ein Fron- und Lohnglaube" wäre eine zutreffende Beschreibung, wenn man sie noch durch den Begriff der Angst ergänzen würde. Eine Angst, die sich gottseidank abgeschliffen hat, aber als Folge aus Kirchen Museen werden ließ.

Angesichts dieser Verwirrungen dürfen wir nicht vergessen, dass viele Menschen auf religiöse Inhalte nicht verzichten können und wollen. Sie stehen fest im Glauben und niemand hat das Recht, sie deswegen herabzuwürdigen oder zu kritisieren. Im Gebet finden sie Trost und

Glückseligkeit. Ihre Hoffnung, eine Gemeinschaft zu finden, in der soziales Miteinander, Gerechtigkeit, Barmherzigkeit und Karitas ausgeübt werden, sind als hehres Ansinnen zu werten. Religiosität ist für diese Menschen sehr viel mehr als nur die Deutung vermeintlich kausaler Zusammenhänge.

Nach allem, was können wir wissenschaftlich über den Glauben ausmachen? Soweit wir ihn nur an seinen Auswirkungen überprüfen, ist er charismatischen Erscheinungen ähnlich. Zumindest das Schema ist das Gleiche: Es gibt immer nur Führer und Geführte. Lediglich ihre jeweiligen Führer sind austauschbar. Bei den Charismatikern ist es ein Chef, und bei den Gläubigen ist es ein durch die Religion vermittelter Gott, der gleichzeitig als Geschäftsmodell genutzt wird. Die Auswirkungen auf die Geführten sind gleich. Sie gehen, wenn sie sich hinreichend mit ihrem Führer vereinigt fühlen, für ihn in den Tod.

Die Wissenschaft sagt uns, dass wir in unseren Handlungen nicht frei sind. Wir halten alles für gut und richtig, was das Gehirn uns berichtet. Jedes reale Bild von der Welt entsteht durch Milliarden von Schaltungen in unserem Gehirn, und jedes Gehirn entwirft dabei sein eigenes reales Bild der Welt, wobei ein soziales Problem entsteht:

Um die Realität objektiv bewerten zu können, müssen wir, um die notwendigen moralischen Vorgaben unserer Gesellschaft zu erfüllen, unser Denken ständig überprüfen. In Glaubensfragen geht das nicht, weil uns ein realistischer Blick in die jenseitige Welt versperrt ist.

Bei psychisch angeschlagenen Menschen geht Religiosität häufig mit Wahnstörungen einher. Der Betreffende glaubt dann, andere Menschen seien ihm böse gesonnen, oder aber, sie würden seine Auffassungen vorbehaltlos teilen. Doch all diese Aspekte gehören auch zur kognitiven Architektur der Religiosität.
Forscher sehen in dem Bestreben, kausale Zusammenhänge auch dort herzustellen, wo es sie gar nicht gibt, eine Wurzel des Aberglaubens:

Wenn der Regentanz nur lange genug getanzt worden ist, regnete es tatsächlich, und wer dreimal auf Holz geklopft hat und es ist ihm danach kein Unglück geschehen, wird auch weiterhin an den Nutzen des Holzes für dieses Ritual glauben.

Die wissenschaftlichen Antworten auf die Frage, wie der Kosmos und das Leben entstanden sind, lassen mich *vermuten*, dass dieser Prozess nicht zufällig stattgefunden hat, sondern gelenkt ist. Die nachweisbare und logische Aufeinanderfolge von kosmologischen Ereignissen als Notwendigkeit für die Entstehung von Leben ist nach meiner persönlichen Überzeugung ohne kreative Mitwirkung nicht möglich.

Wahrheit - ein peinlich gewordener Begriff für alles?

Auslegungen:
Wahrheit ist eine Eigenschaft von Aussagen, die mit dem Sachverhalt, den sie widerspiegeln, übereinstimmen.
Wikipedia

Dem Menschen ist es nicht gegeben, einen Sachverhalt vollständig wahrzunehmen und wiederzugeben. Es gibt nur die angeborene Fähigkeit zur Täuschung und zur Lüge – Befähigungen, aus der alle bisher formulierten Wahrheiten abgeleitet sind.
Walter Billig

Zum Inhalt

Die im Anhang aufgeführten Aussagen früherer Wegweiser bilden die Basis für die nachstehenden Interpretationen. Neu ist die Idee, den Wahrheitsbegriff von der Unwahrheit ausgehend zu denken. Schwerpunkte bilden die Begrifflichkeiten der faktischen und der absoluten Wahrheit, letztere oft auch reine Wahrheit genannt. Die Betrachtung des Wahrheitsbegriffs im volkstümlichen Sinne soll hier nur eingeschränkt ausgeführt werden.

Interpretationen - Gibt es eine objektive *Wahrheit* oder nur mehrere ganz subjektive Teilwahrheiten im Sinne von Richtigkeit?

Wahrheit und Lüge

Nahezu allen Lebensformen in Flora und Fauna ist die Fähigkeit zur kreativen Täuschung und Lüge in die Wiege gelegt – nicht aber die Wahrheit. In der Natur schon immer als ein äußerst wirksames Mittel der Existenzsicherung eingesetzt, bekommt die Lüge in den Gesellschaften des Homo sapiens eine radikale Bewertung und wird zu einem sozialen bzw. moralischen Problem. Bis auf den heutigen Tag versuchen sie, die Bürde dieser Fähigkeit zu tarnen. Je nach Bedarf verdrehen, verzerren oder kultivieren sie die Unwahrheit, bis sie gebrauchsfähig ist und als Wahrheit angepriesen werden kann. Dennoch sind die Menschen seit Jahrtausenden auf der Suche nach „der" Wahrheit.

Absolute Wahrheit

Auch wenn es dem Menschen gegeben ist, über seine angeborenen Anlagen hinaus, nahezu unbegrenzte Fähigkeiten zu entwickeln, war seine Wahrheitssuche bisher stümperhaft. Ein einziger Irrweg, eine gedankliche Fehlleistung, die darin gipfelte, sich selbst und sogar Tiere zu Göttern zu erheben. Es gab Gottmenschen, die überzeugt waren, ein Gott (z. B. Amenophis III) oder zumindest ein Prophet zu sein. Sie verkündeten die Wahrheit zu sein, oder in ihr zu leben. Das wohl älteste Geschäftsmodell der Welt war geboren. Selbstbedienungsläden, die ihre Betreiber von physischer Arbeit freistellten und sie zu uneingeschränktem Machtmissbrauch verleiteten.

Die reine oder absolute Wahrheit über oder von IRGENDETWAS kann nach Hegel aber nur Gott kennen - oder muss Gott selbst sein, weil der umfassende Begriff für ein IRGENDETWAS unendlich ist. Den der des Diesseits verpflichteten Menschen stehen Ansprüche, die seinen Erkenntnishorizont überschreiten, nicht zu. Wenn wir die absolute Wahrheit finden wollen, müssen wir Gott suchen. Solange wir aber von Gott nichts wissen, können wir auch von der reinen Wahrheit nichts wissen. Sie kann letztlich, wenn überhaupt, nur außerhalb unserer Sinnwirklichkeit gedacht werden. Nach unserem jetzigen Kenntnisstand kann sie nicht veranschaulicht werden. Ein IRGENDETWAS kann nur subjektiv durch *persönliche Überzeugung* für wahr gehalten werden. Jemand, der behauptet die Wahrheit zu sein oder in der Wahrheit zu leben, muss also entweder der Schöpfer von allem sein, oder wissentlich die Unwahrheit sagen. Auch nach Paulus (s. Anhang Paulus 4.) darf die absolute Wahrheit keinerlei Unschärfe aufweisen und muss unabhängig vom kulturellen Raum sein.

Wahrheit im volkstümlichen Sinne
Der alltäglich verwendete Wahrheitsbegriff für alles und jedes hat mit
Wahrheit wenig zu tun. Die Benutzer dieses Begriffs wollen lediglich
die sachliche Richtigkeit oder die Überzeugung ihrer Angelegenheit
zum Ausdruck bringen. Was sie meinen ist Ehrlichkeit. Die Begriffe
Wahrheit, Überzeugung und Glaube werden synonym verwendet. Die
Übereinstimmung mit realen Sachverhalten ist daher meist ungenau,
irrtümlich oder falsch.

Beispiele für die volkstümliche Verwendung des Wahrheits- und Glau-
bensbegriffs:

Wahrheit = Richtigkeit: 2 + 2 = 4
Wahrheit = Übereinstimmung: Ich erkenne die Schöpfung, also
                                 kenne ich den Schöpfer.
Glaube   = Überzeugung: Ich glaube an die Dreifaltigkeit. Im
                                 Himmel belohnt mich Gott mit 72
                                 Jungfrauen.
Glaube   = Vermutung: Ich glaube, dass es morgen regnet.

Friedrich Nitzsche
Überzeugungen sind gefährlichere Feinde der Wahrheit, als Lügen. [22]

---

[22] Menschliches, Allzumenschliches. Ein Buch für freie Geister. Erster Band.
In: Ders.: Werk in drei Bänden. Hrsg. v. Karl Schlechta. Bd.1 München: Han-
ser 1966. S. 435-731, hier S. 693

Friedrich Wilhelm Nietzsche (1844 – 1900), deutscher Philosoph, Essayist,
Lyriker und Schriftsteller

Objektsprachliche faktische Wahrheit (im Sinne von Richtigkeit)
Sie gründet auf den Wurzeln abendländischen Denkens und ist die praktizierte Wahrheit unserer Zeit. Sie ist abgeleitet von der Grundformel, in der es heißt, dass alles, was wir denken können, ein objektsprachliches Ding oder ein metasprachliches IRGENDWAS ist. Unter dem Gesichtspunkt möglicher Erkenntnis von Wahrem ist nach Dalferth allein das objektsprachlich Gedachte von Interesse.

Das faktische Denken beginnt dort, wo wir mit Begriffen und Zusammenhängen operieren, die wir mit unseren fünf Sinnen wahrnehmen können. Wir unterscheiden Sprach-, Sinn- und Wahrheitsverstehen. So muss beispielsweise ein Richter argumentativ zeigen, wie er durch negatives Ausscheiden falscher Möglichkeiten zu seiner Auffassung gelangt ist (Falsifikation).
Die *wahrnehmbare* Wahrheit einer Sache kann vom Verstand auch verfehlt werden, weil die Wahrheitswahrnehmung immer mit einer Handlung verbunden ist, die weitere Möglichkeiten zulassen kann. Denn der Ort der Wahrheit ist das Denken und kann deshalb auch der

Ort der Falschheit sein. Von daher ist das Denken immer nur der Richter und niemals der Schöpfer der faktischen Wahrheit. Sie bestmöglich herauszufinden gelingt nur durch einen Prozess faktischen Prüfens.

Missbrauch der Wahrheit
Der Mensch ist in der Lage, Lüge und Täuschung zu glaubhaften Sachverhalten zu verzerren oder gar zu kultivieren. Das Tier kann das nicht. Ihm bleiben nur die angeborenen und angelernten Fähigkeiten zur Täuschung. Die praktizierte Wahrheit ist daher letztlich nur eine noch nicht zu Ende gedachte Erfindung des Menschen für eine Vielzahl von Begrifflichkeiten, die ohne weitere Erläuterung nicht auskommt. Sie ist kulturabhängig und lässt sich wegen ihrer Unschärfe beliebig instrumentalisieren. Es gibt nichts, was sich mit dem gängigen Wahrheitsbegriff nicht erklären ließe. Sie ist somit beliebig und universell

verwendbar. Es wird immer wieder versucht, sich ihrer zu bedienen – oft, um noch größere Unwahrheiten zu schaffen.

Die missbrauchte Wahrheit ist leider auch Teil der objektsprachlichen faktischen Wahrheit und umfasst auch ihr Antonym, die Lüge. Menschen oder Gemeinschaften, die die Wahrheit als Alleinstellungsmerkmal für sich in Anspruch nehmen, handeln gegen die dem Menschen innewohnende Vernunft:

- Überheblichkeit:	Nur der arische Mensch ist die Krone der Schöpfung.
- Verbrechen:	Koran: Tötet alle Ungläubigen Urban II: Gott will es!
- Dummheit:	Wolkenkuckucksheimer, Weltverbesserer, Gutmenschen
- Verzerrung:	Sektierer, Religionen, Gottmenschen, Willkürherrschaften

Ein anschauliches Deutungsmodell für eine Verzerrung liefert die Geschichte "Das Tor von Rashomon". Hierin wird die Wahrheit bis zu ihrer Existenzlosigkeit entstellt. In ihr wird der Beweis geführt, dass angeblich reelle Wahrnehmungen niemals ein exaktes Abbild der Realität liefern können.

Die Geschichte spielt im alten Japan der ausgehenden Heian-Zeit. Es geht um die Darstellung der Schändung einer Frau und der Ermordung ihres Mannes, eines Samurais. Vor Gericht steht der Samurai (als sprechender Geist), die Frau des Samurais, der Mörder und ein Zeuge. Jede Person erzählt eine ganz eigene, in sich schlüssige Geschichte. Das faktisch Vorgefallene wird durch seine zunehmende verbale Kommentierung und Zitation der Kommentierungen immer verzerrter und damit unergründbarer.

Gerade durch den sorgfältigen Gang durch die verschiedenen subjektiven „Wahrheiten" wird zunehmend klarer, was diese subjektive Wahrnehmung antreibt: **Die persönliche Ehrenhaftigkeit steht im Vordergrund - nicht die Realität.** *Und das ist zu jener Zeit weit mehr und wichtiger als die platte Wahrheit oder hier, das Geschehnis selbst. Die Wahrheit - bleibt ohne Bedeutung.*
Der besondere Belang der zugrunde liegenden Geschichte liegt darin, dass die im damaligen Japan zugrunde liegende Ehrauffassung die unterschiedlichen Interessenlagen und Motive die Wahrnehmung eines Geschehens entscheidend beeinflussten.

Gedächtniswiedergabe, W. B.

Ein Ausweg?

Immanuel Kant verweist in einem Kurzaufsatz 1797 auf den Unterschied von Wahrheit als erkenntnistheoretischem Begriff und Wahrhaftigkeit (Ehrlichkeit) als moralischer Tugend: „Weil Wahrhaftigkeit eine Pflicht ist, die als die Basis aller auf Vertrag zu gründenden Pflichten angesehen werden muss, deren Gesetz, wenn man ihr auch nur die geringste Ausnahme einräumt, schwankend und unnütz gemacht wird", kam Kant zu dem Schluss: „Es ist also ein heiliges, unbedingt gebietendes, durch keine Konvenienzen (Übereinkünfte) einzuschränkendes Vernunftgebot; in allen Erklärungen wahrhaft (ehrlich) zu sein."

Zusammenfassung

Die Unfähigkeit des Menschen über seine Begrenztheit hinaus zu denken, wird am Beispiel der Gottmenschen und an der dogmatisierten Unfehlbarkeit des Papstes in Glaubensfragen besonders deutlich. Wenn der Papst als Stellvertreter Christi die kirchliche Lehre *ex cathedra* verkündet, ist dieser Akt nicht unähnlich den Glaubensbezeugungen der ägyptischen Gottkönige – auch wenn namhafte Vertreter der katholischen Kirche diesen Vergleich ablehnen (E. Schillebeeckx). Auch in Ägypten wussten die Menschen, dass der Pharao ein

Mensch war, und nur dann ein Gott, wenn er – in seiner Amtstracht offiziell zu ihnen sprach. Welche faktischen Ursachen lassen sich aus solchem Tun deuten? Handelt es sich nicht im Wesentlichen um Macht und Ihren Erhalt - als Mittel zur bloßen Existenzsicherung? Denn ohne Existenzsicherung gibt es keinen Fortschritt und keine Entfaltung.

Dem Menschen ist es nicht gegeben, die Dinge umfänglich zu erkennen. Das Problem beginnt bereits mit der Wahrnehmung von IRGENDETWAS. Von der Wahrnehmung bis zur Handlung muss der Verstand eine unüberschaubare Anzahl von unvorhersehbaren Hindernissen überwinden und die Abläufe dieser Prozesse ständig falsifizieren. Und ein Element dieser Falsifikation ist die Prüfung auf Unwahrheit – nicht auf Wahrheit.

Die absolute Wahrheit kann, nicht einmal gedacht werden. Falsifiziert werden kann sie erst recht nicht. Und in Zeiten der Globalisierung haben Täuschung, Lüge und Vertrauensmissbrauch Hochkonjunktur. Gegenseitiges Misstrauen und Konsensverlust allerorten. Immer neue Polarisierungen führen zu Auseinandersetzungen, die häufig in Gewalt enden; ein bisher unaufhörlicher, sich selbst verstärkender gefährlicher Prozess.

Wäre es nicht angemessen, den Wahrheitsbegriff mit evolutionären Erkenntnissen zu verknüpfen, die, wie in allen anderen Bereichen unserer Lebenswirklichkeit, die bestmögliche Überlebensstrategie anstrebt, und an der sich die Menschen orientieren und auszurichten könnte? So wie bisher geschehen, scheint dies nicht seine Sache zu sein. Es wäre aber sehr wohl Sache der Religionen gewesen, die Menschen in diesem Sinne zu lenken, statt Hass zu predigen und sie auseinanderzuführen. Die Suche nach der Wahrheit findet erst dann ein Ende, wenn die Menschen ihre Begrenztheit erkennen und bereit sind, diesen Begriff den Philosophen zu überlassen. Für alle anderen herumkursierenden „Wahrheiten" werden in jeder Sprache ausreichend Benennungen angeboten.

Noch niemals sah ich einen Menschen, der wirklich die Wahrheit suchte. Jeder, der sich auf den Weg gemacht hatte, fand früher oder später, was ihm Wohlbefinden gewährte. Und dann gab er die weitere Suche auf.
Mark Twain[23]

Die Suche nach der Wahrheit ist eine vergebliche Reise in die Ewigkeit, die man aber jederzeit abbrechen kann.
W. B.

---

[23] **Mark Twain**, eigentlich **Samuel Langhorne Clemens** (* 30. November1835 in Florida, Missouri; † 21. April 1910 in Redding, war ein amerikanischer Schriftsteller. Mark Twain ist vor allem als Autor der Bücher über die Abenteuer von Tom Sawyer und Huckleberry Finn bekannt. (Wikipedia)

ANHANG
Philosophische Aussagen zur Wahrheit

Paulus von Tarsus, *Wikipedia*[24]

1. *Die Wahrheit existiert erst ab einem bestimmten Zeitpunkt eines Ereignisses*
2. *Die Wahrheit ist ausschließlich subjektiv und beruht auf einem Bekenntnis, welches eine Überzeugung hinsichtlich eines einmaligen Ereignisses ausdrückt. Es gibt keine Einordnung in ein menschliches Gesetz.*
3. *Die Wahrheit ist ein Prozess und bedarf keiner Erkenntnis, sondern eines Bekenntnisses z.B. des Glaubens, der Hoffnung und der Liebe.*
4. *Die Wahrheit ist in sich geschlossen und von sich aus indifferent gegenüber der Beschaffenheit menschlicher Organisationen (z.B. gegenüber dem römischen Staat bei Paulus); sie ist diesen entzogen.*

Thomas von Aquin[25]
Wenn die Sachen Maß und Richtschnur des Verstandes sind, dann besteht Wahrheit darin, dass sich der Verstand der Sache angleicht, also von der Seite des erkannten Objekts aus, dessen Sein mit dem Wissen

---

[24] **Paulus von Tarsus,** vermutlich vor dem Jahr 10 in Tarsus/Kilikien; † nach 60, vermutlich in Rom, war nach dem Neuen Testament ein erfolgreicher Missionar des Urchristentums und einer der ersten christlichen Theologen. (Wikipedia)

[25] **Thomas von Aquin** (*um 1225 auf bei Aquino Italien; † 7. März 1274 in Fossanova;) war ein italienischer Dominikaner und einer der einflussreichsten Philosophen und der bedeutendste katholische Theologe der Geschichte. (Wikipedia)

des erkennenden Subjekts übereinstimmt „adaequatio rei ad intellectum". Die Lüge hingegen zersetzt die Einheit von Erkennendem und Sein und verhindert somit das Glück, das an sich Erkenntnis und Austausch von Wahrheit ist.

Immanuel Kant[26]

Wahrheit, sagt man, besteht in der Übereinstimmung der Erkenntniß mit dem Gegenstande. Dieser bloßen Worterklärung zufolge soll also mein Erkenntniß, um als wahr zu gelten, mit dem Object übereinstimmen. Nun kann ich aber das Object nur mit meinem Erkenntniß vergleichen, dadurch, daß ich es erkenne. Meine Erkenntniß soll sich also selbst bestätigen, welches aber zur Wahrheit noch lange nicht hinreichend ist. Da das Object außer mir und die Erkenntniß in mir ist, so kann ich immer doch nur beurtheilen: ob meine Erkenntniß vom Object mit meiner Erkenntniß vom Object übereinstimme. [27]

Kants Einwände hierzu:

- *Wir haben zu Dingen keinen Zugang als durch die Vorstellungen, die wir von ihnen haben.*
- *Ein direkter Zugang zu den Dingen, so wie sie an ihnen selber sind, ist uns nicht möglich.*

---

[26] **Immanuel Kant**)* 22. April 1724 in Königsberg, Preußen; † 12. Februar 1804 ebenda) war ein deutscher Philosoph der Aufklärung. Kant zählt zu den bedeutendsten Vertretern der abendländischen Philosophie. Sein Werk Kritik der reinen Vernunft kennzeichnet einen Wendepunkt in der Philosophiegeschichte und den Beginn der modernen Philosophie.

[27] **google** https://books.google.de/books?id=bAy1_BnK-BnEC&pg=PA376&lpg=PA376&dq=Kant+Meine+Erkenntniß+soll+sich+also+selbst+bestätigen …S. 376

- *Ohne Direktzugang zu den Dingen, wie sie an ihnen selbst sind, können wir keine Übereinstimmung eins zu eins zwischen ihnen und den Vorstellungen identifizieren.*

Johann Gottlieb Fichte[28]

Absolute Wahrheit besteht in völliger Selbstidentität und erweist sich für das endliche Ich als eine unendliche Aufgabe, ein letztlich nie zu erreichendes Ideal.

Georg Wilhelm Friedrich Hegel[29]

"Alle endlichen Dinge haben eine Unwahrheit an sich, sie haben einen Begriff und eine Existenz, die jedoch ihrem Begriff unangemessen ist" Die Existenz ist darin begründet, dass sie endlich ist, während der sie fassende Begriff selbst unendlich ist. Entsprechendes gilt für die „Wahrheit" der endlichen Dinge: Diese „Wahrheiten" sind „endliche Wahrheiten", die zugrunde gehen. Dies kann dem Geistigen im Gegensatz zum Materiellen nicht passieren, sondern sie bilden zusammen mit dem Fassen ihrer Entwicklung ein Resultat. Hier zeigt sich Wahrheit im eigentlichen Sinne − als Zusammenkommen und Übereinstimmung (Identität) von Verschiedenem in einem gemeinsamen Medium. Hegel

---

[28] **Johann Gottlieb Fichte** (* 19. Mai 1762 in Rammenau, Kurfürstentum Sachsen; † 29. Januar 1814 in Berlin, Königreich Preußen) war ein deutscher Erzieher und Philosoph. Er gilt neben Friedrich Wilhelm Joseph Schelling und Georg Wilhelm Friedrich Hegel als wichtigster Vertreter des Deutschen Idealismus. (Wikipedia)

[29] **Georg Wilhelm Friedrich Hegel** (* 27. August 1770 in Stuttgart; † 14. November 1831 in Berlin) war ein deutscher Philosoph, der als wichtigster Vertreter des deutschen Idealismus gilt. Hegels Philosophie erhebt den Anspruch, die gesamte Wirklichkeit in der Vielfalt ihrer Erscheinungsformen einschließlich ihrer geschichtlichen Entwicklung zusammenhängend, systematisch und definitiv zu deuten. Sein philosophisches Werk zählt zu den wirkmächtigsten Werken der neueren Philosophiegeschichte. (Wikipedia)

*meint es wörtlich, wenn er sagt: „**Die Wahrheit des Seins sowie des Nichts ist daher die Einheit beider; diese Einheit ist das Werden.**"*

Friedrich Nietzsche[30]

Die Wahrheit ist nichts, was einer hätte und ein anderer nicht hätte: So können höchstens Bauern oder Bauern-Apostel nach Art Luthers über die Wahrheit denken. "Wahrheit" wie das Wort jeder Prophet, jeder Sektierer, jeder Freigeist, jeder Sozialist, jeder Kirchenmann versteht, ist ein vollkommener Beweis dafür, dass auch noch nicht einmal der Anfang mit jener Zucht des Geistes und Selbstüberwindung gemacht ist, die zum Finden irgendeiner kleinen, noch so kleinen Wahrheit Not tut".

Da jedes Wort selbst eine Ungenauigkeit und damit eine Unwahrheit darstellt, kann Sprache kein Fundament der Wahrheit sein. Nietzsche weist darauf hin, dass demnach der Gebrauch von Worten in konventioneller Weise keine Wahrheit enthält. Da Menschen jedoch gesellschaftliche Wesen sind und ihre Sprache darum traditionellen Mustern folgen muss, besteht Wahrhaftigkeit in der moralischen „Verpflichtung, nach einer festen Konvention zu lügen".[31]

---

[30] **Friedrich Wilhelm Nietzsche**; * 15. Oktober 1844 in Röcken; † 25. August 1900 in Weimar) war ein deutscher klassischer Philologe. Postum machten ihn seine Schriften als Philosophen weltberühmt. Im Nebenwerk schuf er Dichtungen und musikalische Kompositionen. Er war zunächst preußischer Staatsbürger, ab seiner Übersiedlung nach Basel 1869 war er staatenlos. (Wikipedia)

Im Alter von 24 Jahren wurde Nietzsche unmittelbar im Anschluss an sein Studium an der Universität Basel Professor für klassische Philologie. (Wikipedia)

[31] **Friedrich Nietzsche** Aufnahme u. Auseinandersetzung: im 20. Jahrh. S. 237 (Books.google.de/)

Zusammen mit der Kenntnis von Kulturen tauchen Zweifel auf, ob nicht generell jede Wahrheit nur von kulturellen Ansichten abhängig ist und um die Frage, ob es nicht vielerlei Sichtweisen geben kann, und ob Wahrheiten abhängig von kulturellen Entwicklungen sein können, mit anderen Worten, ob Wahrheiten als Konstruktionen innerhalb einer Kultur angesehen werden können. Absolute Wahrheit kann es nicht geben.

Jean-Paul Sartre, *Wikipedia[32]*

unterteilt zum einen in die reine Existenz, die durch das Bewusstsein wahrgenommen wird und der Wahrheit, die tatsächlich ist. Mit der tatsächlichen Wahrheit meint Sartre, dass jede Existenz versucht, diese für sich zu finden. Sie benötigt eine bestmögliche Wahrheit, um sich an ihr zu orientieren und auszurichten.

Rudolf Steiner, *Wikipedia[33]*

Der Mensch muss die Dinge aus seinem Geiste sprechen lassen, wenn er ihr Wesen erkennen will. Alles, was er über dieses Wesen zu sagen hat, ist den geistigen Erlebnissen seines Innern entlehnt. Nur von sich aus kann der Mensch die Welt beurteilen. Denn Wahrheit ist

---

[32] **Jean-Paul Charles Aymard Sartre** (* 21. Juni 1905 in Paris; † 15. April 1980) war ein französischer Romancier, Dramatiker, Philosoph und Publizist. Er gilt als Vordenker und Hauptvertreter des Existentialismus und als Paradefigur der französischen Intellektuellen des 20. Jahrhunderts.

[33] **Rudolf Joseph Lorenz Steiner** (* 27. Februar[1] 1861 in Kraljevec, Königreich Ungarn, heute Kroatien;[2] † 30. März 1925 in Dornach, Schweiz) war ein österreichischer Publizist, Esoteriker und Vortragsredner. Er begründete die Anthroposophie, eine spirituelle Weltanschauung, deren Inhalte nach Steiners eigener Darstellung zum großen Teil auf hellseherischen Einblicken in hinter unserer sinnlichen Welt erkennbare geistige Welten („die Höheren Welten") beruhen und die an die anglo-indische Theosophie Blavatskys, das Rosenkreuzertum und die Gnosis anschließt.

Hineinlegen subjektiver Erlebnisse in den objektiven Erscheinungszusammenhang. Man kann in die Dinge nur hineinlegen, was man selbst in sich erlebt hat. Demnach wird auch jeder Mensch, gemäß seinen individuellen Erlebnissen etwas in gewissem Sinne anderes in die Dinge hineinlegen. Es handelt sich aber gar nicht darum, dass alle Menschen das gleiche über die Dinge denken, sondern nur darum, dass sie, wenn sie über die Dinge denken, im Elemente der Wahrheit leben. Man kann deshalb die Gedanken eines andern nicht als solche betrachten und sie annehmen oder ablehnen, sondern man soll sie als die Verkünder seiner Individualität ansehen.

Wenn ein Ding durch das Organ des menschlichen Geistes seine Wesenheit ausspricht, so kommt die volle Wirklichkeit nur durch den Zusammenfluss des äußeren Objektiven und des inneren Subjektiven zustande. Weder durch einseitiges Beobachten, noch durch einseitiges Denken erkennt der Mensch die Wirklichkeit. Diese ist nicht als etwas Fertiges in der objektiven Welt vorhanden, sondern wird erst durch den menschlichen Geist in Verbindung mit den Dingen hervorgebracht.

Leitkultur – ein notwendiges Instrument zur Verteidigung abendländischer Kultur?

Oder eine sanfte Barriere zur Bewahrung traditioneller Werte?

Leitkultur - Was ist das?

„Leitkultur beruht auf von Gesetzgebung unabhängigen gesellschaftlich immanenten Verhaltensprinzipien u.a. Distanz - Respekt – Solidarität, die in differenzierten Ausprägungen von sozialen und kulturellen Traditionen getragen werden: in Familien, Nachbarschaften, Vereinen, Schulen, Religionen etc. Die Beachtung dieser Traditionen ist bisher gering kodifiziert und bezieht sich in ihrer Ausprägung auf das EIGENE.[34]

Kann das *EIGENE* durch Schärfung des Bewusstseins geschützt werden?

Ja, durch Sensibilisierung der Bürger für die eigene Kultur. Insbesondere dann, wenn anzunehmen ist, dass die traditionellen Werte der eigenen Lebenswelt, durch fremde Einflussnahme verletzt werden könnten. Dies zu erkennen und umzusetzen ist die erste Pflicht einer jeden Staatsführung.

---

[34] Unter das EIGENE wird ein geistiger Raum verstanden, der eine Kultur ausmacht - ein Raum, in dem Menschen heranwachsen, um Identität zu erlangen (Sprache, Lieder, Erzählungen und der Vorrang der Verfassung vor religiösen Regeln ...). Das FREMDE ist dem EIGENEN entgegengesetzt. (s. auch Die Zeit, Aug. 2017)

Ist den europäischen Regierungen hier etwas vorzuwerfen?
Nach den bisherigen Erfahrungen mit eingebürgerten Ausländern und
den Zuwanderern, die im Herbst 2015 in die europäischen Kernländer
eingedrungen sind, muss dies bejaht werden.

Die Schutzlosigkeit des europäischen Kontinents deutete sich bereits
Anfang der 2000er Jahre an, als vor allem Armutsflüchtlinge aus Afrika
begannen europäische Grenzen illegal zu überwandern, ohne dass die
betroffenen Regierungen sichtbar eingriffen. Heute, obwohl fast zwei
Millionen Zuwanderer im Land sind und Aufenthaltsgesetze vorliegen,
streiten sich die Nationalstaaten immer noch über die notwendige Anpassung sowie Sicherung der Außengrenzen.

Nach traditioneller Auffassung birgt die Inklusion von Zuwanderern
aus Armutsländern, das Risiko der eigenen Verelendung. Es wird davor
gewarnt, die eigenen traditionellen Werte einem fragwürdigen Huma-
nismus preiszugeben, nur um all jenen, die nach Europa wollen, ein
erträumtes Leben zu ermöglichen.

Die rot-grünen Parteien wollen diese Gefahr nicht zu sehen. Sie sehen
nicht nur Europa, sondern grundsätzlich jeden modernen Staat in der
Pflicht, maximal viele Menschen aufzunehmen und mit ihnen unvor-
eingenommene Lebensgemeinschaften zu bilden – unabhängig von ihrer Herkunft und Ethnie. Sie wollen eine multikulturelle Welt durch As-
similation und Integration. Kulturelle Werte sind einer solchen Politik
naturgemäß im Wege. Sie leugnen sogar die Existenz einer deutschen
Kultur. So die Deutsch-Türkin Aydan Özoğuz (SPD) am 14.04.2017[35]:

---

[35] Tagesspiegel, https://causa.tagesspiegel.de/gesellschaft/wie-nuetzlich-ist-
eine-leitkultur-debatte/leitkultur-verkommt-zum-klischee-des-deutschs-
eins.html
Aydan Saliha Özoğuz (* 31. Mai 1967 in Hamburg) ist eine deutsche Politike-
rin (SPD). Sie ist seit 2009 Mitglied des Deutschen Bundestages und war von
Dezember 2013 bis März 2018 (Wikipedia)

„Deutschland ist vielfältig und das ist manchen zu kompliziert. Im Wechsel der Jahreszeiten wird deshalb eine Leitkultur eingefordert, die für Ordnung und Orientierung sorgen soll. Sobald diese Leitkultur aber inhaltlich gefüllt wird, gleitet die Debatte ins Lächerliche und Absurde, die Vorschläge verkommen zum Klischee des Deutschsein. Kein Wunder, denn eine spezifisch deutsche Kultur ist, jenseits der Sprache, schlicht nicht identifizierbar. Schon historisch haben eher regionale Kulturen, haben Einwanderung und Vielfalt unsere Geschichte geprägt. Globalisierung und Pluralisierung von Lebenswelten führen zu einer weiteren Vervielfältigung von Vielfalt."

Die „tageszeitung" (taz) wurde zu einer Entschädigung von 22000 € verurteilt[36], weil sie einen Kommentar des Deutsch-Türken Deniz Yücel am 6.12.2012 abgedruckt hatte:

„Buchautor Thilo Sarrazin, den man, und dies nur in Klammern, auch dann eine lispelnde, stotternde, zuckende Menschenkarikatur nennen darf, wenn man weiß, dass dieser infolge eines Schlaganfalls derart verunstaltet wurde, und dem man nur wünschen kann, der nächste Schlaganfall möge sein Werk gründlicher verrichten."

Die Liste derjenigen, die Deutschland nicht mögen, soll hier nicht fortgesetzt werden. Doch sie erinnert, dass es höchste Zeit ist, einen Besinnungsprozess einzuleiten, der die Menschen in Europa über den beispiellosen Wert ihres kulturellen Erbes aufklärt. Denn bei solchen Äußerungen stellt sich die Frage, ob Deutschland wirklich noch souverän ist, wenn es seine kulturellen Werte nicht mehr zu bewahren weiß.

Bereits kurz nach ihrer Ankunft im Herbst 2015 begannen die Medien, zunehmend über das Fehlverhalten von Zuwanderern zu berichten.

---

[36] Urteil des Berliner Landgerichts (27 O 183/13)

Sie kolportierten nahezu wöchentlich Landfriedensbruch, Respektlosigkeit und Verbrechen bis hin zu Tötungsdelikten durch Individuen aus fremden Kulturkreisen. Die Stimmung im Land schlug um. Der Willkommenstrunkenheit und überschäumende Begeisterung wichen Angst und Entsetzen. Die Schandtaten von mehr als 1000 nordafrikanischen Zuwanderern an jungen Frauen in der Silvesternacht 2015/2016 auf der Kölner Domplatte sei hier in Erinnerung gerufen. Hierbei wurde deutlich, dass die Mehrzahl der Fremden muslimischen Glaubens war. Nicht wenige unter ihnen waren überzeugt, dass der Gesetzeskodex ihrer Religion grundsätzlich Vorrang gegenüber den weltlichen Gesetzen ihres Gastlandes hat.

Die schon länger hier lebenden Ausländer haben in vielen Städten Parallelgesellschaften gegründet, in denen sie ihr traditionelles Leben fortsetzen. In einigen haben sie ganze Straßenzüge oder Stadtviertel besetzt. Ihre Dachverbände lassen Gotteshäuser ihres Glaubens errichten und ihre Zentralverbände fordern die Durchsetzung ihrer Sitten und Gebräuche, ohne Rücksicht auf die sittlichen Empfindungen der angestammten Bevölkerung. Durch ihr oft ungebührliches Auftreten im öffentlichen Raum fühlen sich immer mehr Einheimische eingeengt und beklagen ungenügende Schutzmaßnahmen durch Ordnungskräfte.

Derzeit leben etwa fünf Millionen Muslime und eine nicht mehr erfassbare Anzahl von vagabundierenden Ausländern aus aller Welt in Deutschland. Und ein Ende dieses Zustands, insbesondere durch Zuwanderer aus Afrika, ist nicht in Sicht.

Beispiel - Ruhestandsbezüge:
Nur wir Menschen sind kraft unserer besonderen Fähigkeiten in der Lage, den Gedienten unter uns, für einige wenige Jahre, einen würdevollen Ruhestand zu ermöglichen.

Es hat Jahrzehnte gedauert, um ein brauchbares Rentensystem aufzubauen. Jetzt berichten die Medien ständig von wachsender Altersarmut und die Regierung in Berlin sieht sich außerstande, die Bezüge über einen längeren Zeitraum, stabil zu halten. Es ist davon ausgehen, dass die sozialen Netze spätestens in den 2050er Jahren kollabieren, wenn Ausländer ansteigend die Sozialsysteme belasten. Irgendwann in diesem Zeitrahmen wird der Rubikon überschritten. Die Destabilisierung und Verarmung der Gesellschaft nimmt dann unaufhaltsam ihren Lauf.

Die Kehrseite

Bis hier wurde das Thema aus europäischer (deutscher) Sicht betrachtet. Doch auf welche traditionellen Werte berufen sich die Zugewanderten? Haben sie nicht auch ein Recht auf Anerkennung ihrer Werte und auf ein besseres Leben - wo immer sie es zu finden glauben?

Der Politik- und Islamwissenschaftler Michael Lüders[37] schreibt:

„In letzter Konsequenz hieße das, militärische Interventionen als gerechtfertigt anzusehen, sofern sie nur höhere Werte bemühen, Menschenrechte etwa. Wer das bejaht, möge die Folgen sind im Nahen und Mittleren Osten besichtigen.

Im geopolitischen Zusammenhang sind Werte nur eine Buchstabenfolge, die der Eigenlegitimation militärischer Gewalt und zur Durchsetzung hegemonialer Macht dient. Ähnlich wie in kolonialen Zeiten das Wort „Zivilisation" an die Eingeborenen heranzuführen, um mit Hilfe

---

[37] Michael Lüders „Wer den Wind sät – Was westliche Politik im Orient anrichtet" C.H. Beck.

Michael Lüders (* 1959 in Bremen) ist ein deutscher Politik- und Islamwissenschaftler, der als Publizist sowie Politik- und Wirtschaftsberater tätig ist. (Wikipedia)

*dieser Umschreibung so unschöne Begriffe wie Ausbeutung oder Land-
raub zu vermeiden.*

*Unabhängig davon haben unterschiedliche politische Systeme und Kul-
turen auch sehr unterschiedliche Vorstellungen über Werte. Auch pat-
riarchalisches oder Stammesdenken kann, wie vielfach in der arabisch-
islamischen Welt als hohes Gut gelten – als Ausdruck von Solidarität
und einer göttlich inspirierten Ordnung, die den Menschen Halt gibt.
Feudalismus im arabischen Orient bedeutet vor allem die Dominanz
von Gruppenidentitäten: Clan, Stamm, ethnische und/oder religiöse
Gruppe. Den Clanführern geht es vor allem um Machterhalt und nicht
um kulturelle Inhalte. Die Identität des Einzelnen ist Teil seiner Grup-
penidentität. In einer derart abgeriegelten Gesellschaft kann sich das
einzelne Individuum nur schwer entfalten. Für ihn gilt ein altes Sprich-
wort:*

„Besser einhundert Jahre in der Finsternis als eine Nacht ohne Sultan."

*In unserer westlichen Welt beinhaltet das Wort von der „westlichen
Wertegemeinschaft" feste Glaubensgrundsätze und Überzeugungen.
Dazu gehört, dass nicht etwa die Ausübung von Macht und Gewalt im
Verlaufe von Jahrhunderten unsere Vorherrschaft begründet hätte,
sondern die von evolutionären Entwicklungen gesteuerte, auf Einsicht
und Vernunft fußende, westliche Zivilisation.*

*In Schwellenländern wollen untere und mittlere soziale Schichten dort
ankommen, wo wir uns bereits befinden: in der Konsumgesellschaft, im
Sozialstaat. Meinungsfreiheit interessiert sie weniger als der eigene
Aufstieg. Ihr Ideal ist der Macher, der starke Mann, der es selbst von
ganz unten bis ganz oben geschafft hat. In solchen Milieus gelten Regeln und Weltbilder, die meist noch stark patriarchalisch geprägt sind
und einem autoritären Verständnis von Religion und Nation anhängen.
Einen „Kampf der Kulturen" gibt es nicht, sondern nur einen Kampf um
die Fleischtöpfe.*

Wir dürfen außerdem nicht übersehen, dass die Gesamtwahrnehmung in Deutschland derzeit von einer gewissen Islamophobie überlagert wird. Damit einher geht die Neigung, die beschriebenen Probleme hauptsächlich ihrem Religionskodex zuzuschreiben. Dies greift sicherlich zu kurz. Zu berücksichtigen sind auch die sozialwissenschaftlichen Erkenntnisse der Migrationsforschung. Sie hier anzuführen, würde jedoch den Rahmen dieses Aufsatzes sprengen.

Woran es den meisten Ländern in der EU fehlt, ist der politische Wille, sich der Ausländerproblematik konsequent anzunehmen. Dass bei augenblicklichen Dreiaffenpolitik unvermeidlich der multikulturelle Umbau Europas, und damit der eigene traditionelle und ökonomische Abstieg droht, wird bewusst nicht zur Kenntnis genommen. Es regiert die Politik des geheuchelten Mitleids.

Was können wir tun, um unsere traditionellen Werte zu schützen?

- Bewusstseinsmachung der Bürger für die aktuellen ökonomischen und multikulturelle Entwicklung in Gesellschaft und Schule
- Sofortige Aufnahme konstruktiver Gespräche zur Armutsmigration zwischen christlichen Religionsführern und islamischen Rechtsschulen
- Schneller Ausbau der Europäischen Agentur für Grenz- und Küstenwache (Frontex)
- Abschaffung des Individualrechts auf Asyl durch Anpassung des § 16a GG an europäische Normen
- Anpassung des Aufenthaltsgesetzes durch ein zeitgemäßes Einwanderungsgesetz
- Anpassung an das Hospitalitätsrecht der UN Charta: *Das Weltbürgerrecht soll auf Bedingungen der allgemeinen Hospitalität eingeschränkt sein.*

Letzteres regelt die Beziehung von Individuen zu fremden Staaten. Kant weist den Individuen das Recht auf Hospitalität zu. Hiernach hat das Individuum zwar das Recht, einen fremden Staat zu besuchen, darf sich aber nicht ohne Weiteres dort niederlassen. Die Hospitalität ist ein „Besuchsrecht" und kein „Gastrecht". Aus dem Besuchsrecht darf allerdings kein Eroberungsrecht werden, auch nicht, wenn eine Region von einem Volk bewohnt wird, welches keine Staatsstruktur im strengen Sinn hat.

Demnach sind Individuen, die in ihrem Gastland darauf bestehen, sichtbare Zeichen ihrer Kultur zu setzen (Kirchen, Kleidung, Gebräuche), nicht Gäste, sondern Besetzer.

Bedauerlicherweise konnten sich die Vereinten Nationen bisher wenig durchsetzen (RUANDA, KOSOVO). Sie zu erstarken wäre ein hehres Ziel; denn aus hiesiger Sicht sind die Vereinten Nationen unverzichtbar.

Der amerikanische Afrikanist Stephen Smith schreibt:
„Flüchtlinge kommen immer mit legitimen Interessen, aber wir können sie genauso legitim zurückweisen. Wenn ich sehe, wie rasend schnell sich alles verändert, so dass man sich nicht mehr zu Hause fühlt, dann möchte ich darüber entscheiden wollen, wer nach Europa kommt." [38]

Helfen könnten auch die christlichen Kirchen. Statt weiter untätig zuzusehen, wie in moslemischen Ländern Christen verfolgt- und ihre Kirchen zerstört werden, sollten ihre Führer den Kontakt zu den höchsten islamischen Rechtsschulen suchen. Ihr derzeitiges Kuscheln mit Muslimen auf unterster Ebene ist wenig hilfreich und nur peinlich.

---

[38] Zeit.de/2018/4 … Flüchtlingspolitik: "Wir schaffen es nicht" - Interview mit Afrikanist Stephen Smith

An der sunnitischen Al-Azhar Universität in Kairo wird man längst erkannt haben, dass der muslimische Glaube von den Mächtigen dieser Welt nur als Vehikel für monetäre Zwecke und uferloserem Machterwerb missbraucht wird – so wie vor nicht allzu langer Zeit auch der christliche Glaube. Christen und Muslime haben daher allen Grund, gemeinsam auf die sich ändernde Welt zu reagieren.

Die **Al-Azhar** ist die älteste sunnitische Universität der islamischen Welt und damit eine äußerst einflussreiche Einrichtung. Es gab bereits über vier Jahrzehnte einen institutionellen Dialog mit dem Heiligen Stuhl. Dieser hat jedoch zu Kontroversen geführt, weil westliche Christen für eine Nähe zu Amerika, Dekadenz und Kapitalismus stehen. Unter Papst Benedikt XVI ist der Kontakt wieder eingeschlafen. Im Jahr 2017 hat Papst Franziskus die Wiederbelebung dieses Kontaktes zugesagt. An seinem Erfolg wird nicht nur die Leistungsfähigkeit der katholischen Kirche zu messen sein.

Ausblick:

Während die Wertegemeinschaft der G-7 zu einem Frühstücksevent verkommt, formieren sich in Europa politische Kräfte, die die Wirklichkeit des afrikanischen Elends und die damit verbunden Konsequenzen für Europa erkannt haben. Den Regierungsparteien in Berlin kümmert das im Augenblick nicht. Seit Jahren vernachlässigen sie ihre politische Arbeit; sie sind vor allem mit sich selbst beschäftigt. Kein Wunder, dass Verletzungen unserer kulturellen Werte nicht wahrgenommen werden und Parlamentarier mit Migrationshintergrund, frech behaupten, in Deutschland keine kulturellen Werte wahrnehmen zu können. Um grünen Sittenwächtern zu gefallen, nennt man illegale Zuwanderer, Flüchtlinge und sonstige Grenzverletzter jetzt Schutzsuchende. Dass Millionen Armutsflüchtlinge nach Europa drängen, wird als *populistisch* abgetan.

Wenn von Berlin schon nichts zu erwarten ist, weil mit kulturellen Inhalten gegenwärtig keine Wahlen zu gewinnen sind, müssen die Menschen sich selbst helfen und sich bewusst machen, woher sie kommen und welch gewaltige Leistungen ihre Vorfahren für sie in den letzten tausend Jahren erbracht haben. Man denke nur an die Kathedralen und die wissenschaftlichen Errungenschaften der Neuzeit. Sie müssen verstehen, dass sie zu mehr geboren sind, als nur zu kleinen grünen Männchen, die in Sci-Fi-Filmen allabendlich zu Seife verarbeitet werden. Sie müssen erkennen, wer sie wirklich sind. Sie müssen wieder lernen, dass es noch eine andere Welt gibt - jenseits von Hollywood und der Wall Street.

Zur Bewusstseinsmachung gegen das Fremde bedarf es nicht nur der Stabilisierung des Eigenen, sondern des Ganzen. Voraussetzung dafür ist ein *aufgeklärtes patriotisches Denken*, das letztlich aber nur durch staatliche Lenkung zu vermitteln ist.

Inzwischen haben drei Generationen ihren Spaß mit Unkultur und unbrauchbarer politischer Führung gehabt. Es ist höchste Zeit umzukehren. Doch hierzu braucht es die Mitwirkung VIELER an den Wahlurnen. Ohne sie geht es nicht.

Europa gleicht im Augenblick einem Geisterflugzeug im Sturzflug, ohne Kapitän und ohne Flugplan. Die Passagiere schlagen sich die Köpfe um die besten Plätze ein; die Stewardessen haben sich angstvoll in der Bordküche verbarrikadiert und im Cockpit streiten Stümper um den richtigen Kurs.

Der Tod
Erlösung oder Zumutung des Sinnlosen?

"No one wants to die. Even people who want to go to heaven don't want to die to get there. And yet death is the destination we all share. No one has ever escaped it. And that is as it should be, because death is very likely the single best invention of life. It is life's change agent. It clears out the old to make way for the new. Right now the new is you, but someday not too long from now, you will gradually become the old and be cleared away. Sorry to be so dramatic, but it is quite true.

Your time is limited, so don't waste it living someone else's life. Don't be trapped by dogma — which is living with the results of another people's thinking. Don't let the noise of others' opinions drown out your own inner voice. And most important, have the courage to follow your heart and intuition. They somehow already know what you truly want to become. Everything else is secondary." [39]
Steve Jobs [40]

Der Tod aus wissenschaftlicher Sicht

Am 30. März 2015 veröffentlichte das Bundesministerium für Gesundheit die neue Richtlinie „zur Feststellung des Todes" Darin heißt es:

„Mit der Feststellung des endgültigen, nicht behebbaren Ausfalls der Gesamtfunktion des Großhirns, des Kleinhirns und des Hirnstamms

---

[39] https://quotefancy.com/quote/911514/Steve-Jobs-No-one-wants-to-die-Even-people-who-want-to-go-to-heaven-don-t-want-to-die-to.

[40] **Steven „Steve" Paul Jobs** (* 24. Februar 1955 in San Francisco, Kalifornien; † 5. Oktober 2011 in Palo Alto, Kalifornien) war ein US-amerikanischer Unternehmer. Als Mitgründer und langjähriger CEO von Apple gilt er als eine der bekanntesten Persönlichkeiten der Computerindustrie.

(irreversibler Hirnfunktionsausfall) ist naturwissenschaftlich-medizinisch der Tod des Menschen festgestellt."

Damit wird der Mensch allerdings zu einem Objekt.

Seitdem argwöhnen Kritiker, dass diese Formel erfunden wurde, um möglichst viele Organspender zu gewinnen. In der Tat gibt es keinen festen Punkt, wann das Leben beginnt und wann es endet.
Der amtlich formulierte Hirntod ist also kein medizinisches Kriterium, sondern – wenn überhaupt - eine soziale Übereinkunft.

Die Medizin unterscheidet weiter zwischen dem klinischen und dem biologischen Tod. Es gibt eine Zeitspanne zwischen dem biologischen Tod und dem Absterben der letzten Zelle. In diesem Zeitraum lassen sich bestimmte Körperreaktionen noch auslösen.

Die Ursache des natürlichen Todes wird im Mechanismus der Evolution vermutet: Hat ein Lebewesen sein Erbgut erfolgreich weitergegeben, dann existiert dieses in seinen Nachkommen fort.

Der Physiker Erwin Schrödinger präzisiert:
„Wenn alle Funktionen zum Stillstand kommen, werden alle elektrischen und chemischen Potenzialunterschiede ausgeglichen. Das Streben von Substanzen zur Bildung von chemischen Verbindungen hört auf, und Temperaturen gleichen sich durch Wärmeübertragung aus. Damit verschwindet die ganze Körperhaftigkeit und übrig bleibt ein totes, träges Stück Materie. Der Physiker nennt dies den thermodynamischen Gleichgewichtszustand oder den Zustand maximaler Entropie."[41]

Der Quantenphysiker Dieter Schuster vermutet,
dass es ein Leben nach dem Tod gibt. Er glaubt, wenn wir sterben, beginnt nur unser materieller Körper zu zerfallen. Bestünden wir nur aus

---

[41] Erwin Schrödinger „Was ist Leben?", eingereicht FH Brühl EUFH am 30. Mai 2006 von K. Krebl, R. Smieskol, M. Thiesen und P. Valder

ihm, dann gäbe es kein Leben nach dem Tod. Aber wir haben nicht nur materiellen, sondern auch noch einen unvergänglichen Körper, der unseren Tod überdauert.

Neben der geistigen Welt existiert noch eine weitere innere Welt, die wir als Seele bezeichnen können. Sie tauscht mit der materiellen Welt permanent Information aus. Sie überdauert den Tod und führt zu einem neuen Leben nach dem Tod. Er begründet dies mit dem Einfluss des Verschränkungseffekts auf das Bewusstsein. Er führt aus:

- Unseren unvergänglichen Körper können wir nicht mit unseren Sinnen wahrnehmen; denn wir kennen nur ihn und bei der Betrachtung des Bewusstseins, betrachten wir nur den Teil dieses unvergänglichen Körpers.

- Die innere Welt ist reines Bewusstsein. Durch unseren unvergänglichen Körper gehören wir nach dem Tod diesem Bewusstsein an. Und das bedeutet ein neues Leben nach dem Tod.

Aus meiner Sicht ist der natürliche Sterbevorgang völlig entartet: von den grauenhaften Darstellungen des Mittelalters bis hin zu den Schimären in entsprechenden Filmbeiträgen unserer Zeit – das pure Entsetzen. Seit Jahrhunderten pflegt das christliche Abendland den Tod als beutegierigen Sensenmann am Bett eines Sterbenden.

Einen solchen Tod gibt es nicht.

Das Vergehens ist kein unaufhaltsam herannahendes Monster, sondern ein natürliches Geschehen, das wir alle irgendwann annehmen müssen. Und der Tod ist auch kein Prozess, sondern lediglich eine Markierung für das Lebensende.

Und was sagen die Philosophen?

Sokrates:

„Der Tod hat nichts Schreckliches an sich. Er ist ein Nichts-Sein, ist er ein traumloser Schlaf, ein Ausruhen von diesem Leben und damit angenehm. Er ist die Umsiedelung der Seele an einen anderen Ort. Er verheißt ewiges Glück und Seligkeit. "[42]

Platon:

„Die Seele sei ein für sich bestehendes, schlechthin unkörperliches Wesen, ihre Trennung vom Körper durch den Tod eine Befreiung. Der Körper sei nur ein Abbild, eine Strafe, ein Gefängnis und ein Grab, gleich einer unheilbaren Krankheit bloß lebenslang hinderlich. "[43]

Generell waren die Darstellungen des Todes innerhalb der christlichen Kultur ungleich hässlicher als jene innerhalb der griechischen Antike. Dies verwundert insofern, als das Christentum die Tatsache des Todes durchaus zu mildern suchte, etwa durch die Vorstellung eines Paradieses, eines ewigen Lebens und einer Auferstehung. In einer seiner frühen Schriften spricht Hegel von der Verschiedenheit der Bilder, die das Griechentum und die christliche Welt vom Tode produzierten.

So war der Tod den Griechen *"ein schöner Genius, der Bruder des Schlafs, verewigt in Monumenten über den Gräbern"*, den Christen hingegen *"ein Knochenmann, dessen grauser Schädel über allen Särgen paradiert"*.

Metaphysisches Denken in Form tröstender Worte über den Tod entwickelte sich jedoch vor allem im asiatischen Kulturkreis. Die

---

[42] https://de.wikipedia.org/wiki/Sokrates

[43] BoD: https://books.google.de/books?id=czV7DwAAQBAJ&pg

Philosophie der indischen Bhagavad-Gita sowie die Philosophie des Buddhismus beschworen in unzähligen Bildern immer wieder die Nichtigkeit des Todes sowie die tiefe Unvergänglichkeit allen Lebens:

„Ein Mensch, welcher jene Unvergänglichkeit nicht erkenne, gleiche, dem Blatte am Baume, welches im Herbste welkend und im Begriff abzufallen, jammert über seinen Untergang und sich nicht trösten lassen will durch den Hinblick auf das frische Grün, welches im Frühling den Baum bekleiden wird, sondern klagend spricht: "Das bin ja ich nicht! Das sind ganz andere Blätter!" – O törichtes Blatt! Wohin willst du? Und woher sollen andere kommen? Wo ist das Nichts, dessen Schlund du fürchtest? – Erkenne dein eigenes Wesen, gerade das, was vom Durst nach Dasein so erfüllt ist, erkenne es wieder in der inneren, geheimen, treibenden Kraft des Baumes, welche, stets eine und dieselbe in allen Generationen von Blättern, unberührt bleibt vom Entstehen und Vergehen."

Ein Leben ohne Ende ist wie eine Uhr ohne Zeiger. Zeitlosigkeit bedeutet Gleichförmigkeit und Gleichgültigkeit. Wo alles gleich- gültig ist, ist nichts von Bedeutung. Nichts.[44]

Die entleerte Würde

Die Enzyklopädien definieren Würde weitgehend als die einem Menschen kraft seiner inneren Werte zukommende Bedeutung und dieser Bedeutung entsprechenden Haltung.

---

[44] Dieter Kremp Gedanken rund um den Tod in Mythologie, Religion und Philosophie, https://books.google.de/books?id=bmlqAwAAQBAJ&pg=PT84&lpg

Für Immanuel Kant ist Würde das unvergängliche Gütemerkmal eines jeden Menschen. Sie ist unveräußerlich und unbedingt. Als primäre Werte des Menschen gelten Freiheit, Fortschritt und Selbstbestimmung. Nur autonome Vernunftwesen besitzen Würde.

Doch sind diese Beschreibungen noch zutreffend und zeitgemäß?

- Die Kosmologie hält die traditionellen Beschreibungen für anmaßend: Wie können wir Erdlinge unvergängliche Würde oder besondere Werte besitzen, wenn die Erde doch nur ein vergängliches Pünktchen im Universum ist?
- Nach der Evolutionslehre sind wir Menschen nur das Zufallsergebnis einer langen ungerichteten Entwicklung.
- Die Neurowissenschaftler finden immer neue Wesensmerkmale in unseren Gehirnen. Für das Erkennen von Lügen konstruierten sie sogar einen Detektor. Jedoch nach der Würde suchen sie immer noch vergeblich.
- Die Menschenrechtler sagen mit Blick auf die Menschenwürde, dass nur neutrale Wertvorstellungen jedermann zugemutet werden können.

Der traditionelle Begriff der inneren Würde wird durch solche Aussagen entleert, wenn nicht unbrauchbar. Die Würde wird dargestellt als nichts Vorgegebenes, kein abstraktes Wesensmerkmal mehr, sondern als etwas Aufgegebenes; ein konkreter Gestaltungsauftrag mit dem Ziel, materielle Not und geistige Unterdrückung zu beseitigen. Grundlage hierfür ist die wechselseitige Anerkennung des Menschen als verletzliches, um sich selbst bekümmertes Lebewesen (in einer unbekümmerten Welt).

Können wir angesichts solcher Feststellungen weiterhin an der Idee der angeborenen Würde festhalten, wo sie immer weniger mit dem naturwissenschaftlichen Weltbild unserer Zeit vereinbar ist und auch im Widerspruch zu den Grundlagen eines liberalen Gemeinwesens, insbesondere in Bezug auf die multikulturelle Öffentlichkeit steht? Droht der weltanschauliche Neutralitätsanspruch der säkularen Welt den Begriff der angeborenen Würde zu mindern, nur weil die Politik und die Neurowissenschaften dabei sind, das stolze Wort Würde gänzlich zu zerstören und die Würde ohne metaphysisches Sinnzentrum Phantomcharakter gewinnt? Ich meine nein; denn in den oben gemachten Aussagen wird versucht die Nichtigkeit des menschlichen Individuums, eines Lemmings zu beschreiben. Sie berücksichtigen nicht die Fähigkeit und Bereitschaft menschlichen Lebens zu selbst distanzierender Erkenntnis in seinen ethischen Grundsätzen sowie den Wert kreatürlicher Existenz nichtmenschlichen Lebens.

Aber brauchen wir sie wirklich, die Würde, die Wahrheit und Gott? Sind wir im Zeitalter des weltanschaulichen Neutralismus und säkularen Naturalismus überhaupt noch in der Lage, die Würde und die traditionellen Werte zu bewahren? Ja! Weil wir spüren, dass sie existieren und sie nutzen können. Wir können sie akzeptieren oder ablehnen. Aber um sich ihnen zu nähern, müssen wir uns darauf einlassen, nicht nur ihre empirisch erfahrbaren, sondern auch ihre metaphysischen Merkmale zu beachten.

Jedes neu geborene Leben beruht auf einer Entscheidung für ein objektives Ziel. Die auslösende Tatsache ist dabei der uranfängliche Zwang zum Überleben und zur Auslese, verbunden mit dem kreativen Streben nach einer höheren Intensität der Selbstverwirklichung, die sich am Ende des Prozesses in einem auskömmlichen Konsens des Miteinanders für alle Menschen auswirkt. Mit Intensität ist dabei das Maß an Vielfältigkeit und Komplexität während eines solchen Prozesses gemeint.

Dieser Zwang teilt sich auf in Wirklichkeiten und Gefühle, die miteinander wechselwirken und je nach Art und Lebensalter Fertigkeiten und Existenzstrategien entwickeln. Wenn man jetzt noch annimmt, dass in diesen Urgrund nur solche Eigenschaften eingebracht werden, die nur der jeweiligen Art dienlich sind, muss die Würde auch eine strategische Bedeutung haben. Aus meiner Sicht sind dies beim Menschen: Distanz und Schutz und die Möglichkeit ein ihm angemessenes Dasein zu führen.

Wirklichkeiten:
Denken, Natur und Geisteswissenschaften, Erkenntnisfähigkeit, Talente, Soziale Kompetenzen, Reflexe

Gefühle:
Geborgenheit, Berührungen, Neigungen

Um die Würde von Zeit und Gesetzen unabhängig zu formulieren, ist es notwendig, sie als eine innere Güte aus dem Reich der Werte zu begreifen, weil das Wohlergehen *aller* Kreaturen zu achten und zu respektieren ist. Allgemein ließe sich hiernach formulieren:

Achte den inhärenten Wert einer Kreatur ebenso wie ihre substanziellen Leistungen.

Nach dieser Sichtweise besitzt jeder Einzelne kraft seines Menschseins, unabhängig von seinem Verhalten und den gesellschaftlichen Verhältnissen in denen er lebt, bereits bei seiner Geburt Würde. Dabei ist es seiner freiheitlichen Entscheidung überlassen, ob er den in diesem Wesensmerkmal liegenden Gestaltungsauftrag annimmt oder nicht. Wenn er ihn aber annimmt, ist er durch sein Denken und Tun gegenüber sich selbst und der Gesellschaft zu moralischem Handeln verpflichtet. Mit diesem, ihm zugesprochenen Eigenwert – zunächst noch ohne eigenen Verdienst – jedoch mit der Zumutung von diesbezüglicher Verantwortung, kann der Einzelne diese Würde beschädigen, sie verlieren oder sie bestätigen. Bei den Tieren ist zu bedenken, dass ihre Lebensgestaltung instinktiv abläuft.

Die Veranschaulichung würdigt den Erntehelfer, der sich zum Biobauern hochgearbeitet hat, ebenso, wie den Advokaten, der es bis zum Richteramt des Bundesgerichtshofs geschafft hat.

Es wäre eine große Sache, wenn die Vereinten Nationen ihren Mitgliedsländern empfehlen würden, ihren Tieren mit einer geeigneten Formel Verfassungsrang und somit Schutz zu gäben. Ein Rang, der ihnen seit jeher zukommt.

Nach antiken Vorstellungen hilft die Würde dem Menschen seine Leidenschaften zu bezwingen und seine Gefühle zu beherrschen. Eine würdevolle Person lebt nach dem rechten Maß und lebt nach der Vernunft. Seine Würde zeigt sich im Verhalten, in seiner Mimik und seiner Gestik, in seiner Körperpflege und Bekleidung. Sie äußert sich im Gehen und im Sprechen wie in der Ruhe, die sie ausstrahlt. Ein würdevoller Mensch ist niemals laut, läuft nicht zu schnell und schreitet bedächtig und anmutig. Nach griechisch-römischer Auffassung hängt die menschliche Würde aber nicht allein von innerer Selbstbeherrschung und äußerer Selbstdarstellung ab, sondern ebenfalls von gesellschaftlicher Wertschätzung innerhalb der jeweiligen Soziokultur.

Nach aktuellen Vorstellungen versteht man unter Würde ausschließlich die Würde des Menschen. Zu ihrem Verständnis noch einmal zurück zu Immanuel Kant: Er widersprach der christlichen Vorstellung der Ebenbildlichkeit und begründete die Würde als absolut und ausschließlich auf des Menschen Selbstbewusstsein, Freiheit, Moralität und Vernunft, als ein sittlich gebundenes Wesen mit achtungswürdigem Wert. Daher verbiete seine Würde ihm auch, sich selbst zu misshandeln, zu verkaufen oder gar zu töten. Die Menschenwürde ist für Kant der Inbegriff sittlicher Freiheit — zugleich aber auch

Wesensmerkmal und Gestaltungsauftrag, der dem Einzelnen einen moralischen Lebenswandel vorschreibt.

Die Gesellschaftsstrukturen auf der nördlichen Halbkugel erfahren seit Mitte des letzten Jahrhunderts starke Veränderungen. Bedingt durch Zuwanderungsströme aus Drittweltländer verweist in den großen Städten bereits die Hälfte der Bewohner auf einen Migrationshintergrund. Dabei tun sich viele unter ihnen schwer, sich in die Lebensart ihrer Gastländer einzufügen. Sie bilden Parallelgesellschaften und leben dort die Sitten und Gebräuche ihrer Herkunftsländer – in Einzelfällen sogar gegen die Verfassungsvorgaben ihrer Gastländer. Die hieraus resultierenden Unvereinbarkeiten, wie beispielsweise Religion, ein differenziertes Frauenbild, Tierwohl und häufig auch Sprachlosigkeit, behindern ein auskömmliches Miteinander.

Und die Zukunft sieht nicht gut aus. Stephan Lessenich[45] schreibt in seinem Buch „Neben uns die Sündflut° (S. 74):

„Wir leben auf einer Insel der Sicherheit, der Stabilität und des Wohlstands, umgeben von einem Meer wirtschaftlicher Konkurrenten, umtost von der Brandung terroristischer Milizen und gewaltsamer Konflikte, bedroht von einer – so muss man das Bild wohl lesen – wanderungsbereiter Armutspopulationen: Ein solches Panorama dürfte ziemlich genau den Gefühlshaushalt krisenverunsicherter Bevölkerungsmehrheiten in den Kernländern des nordatlantischen Raums treffen.“

Hinzu kommt unser eigenes fragwürdiges Verhalten: Die Philosophie wurde von Stephen Hawking für tot erklärt und die Morallehre Kants ist in die dunkelste Ecke der Bibliotheken geflohen. *Wohlstand für alle*

---

[45] **Stephan Lessenich** (* 1965 in Stuttgart) ist ein deutscher Soziologe und Politiker (mut). Professor an der LMU München. Er war von 2013 bis 2017 Vorsitzender der Deutschen Gesellschaft für Soziologie. Wikipedia

wurde zum ehernen Grundsatz und zur Devise der Nachkriegsmenschen. Alles musste immer und jederzeit an allen Stellen der Welt zur Verfügung stehen – sofort. Entzückung bei den Privilegierten, Zorn und Empörung bei den Nichtmitgenommenen. Die Konflikte und der wachsende Wohlstandsmüll wurden an die Nichtmitgenommen externalisiert. Wir sind eine Gesellschaft, die seit Jahrzehnten von der Arbeit und den Ressourcen anderer lebt und dabei die verursachten sozialen und ökologischen Schäden auf Dritte abwälzt. Was früher hieß *Bete und arbeite*, heißt heute globalisiert: *Nimm und Behalte* und der Kategorischen Imperativ pervertierte zu: *Was du nicht willst, dass man dir tu, das füg halt einem anderen zu.*[46]

Es steht also schlecht um die Würde und ihre Wertefamilie. Dennoch: Selbst wenn die Lehrmeinung zu dem Ergebnis kommt, dass die Würde eine reine Setzung ist, bleibt sie gleichwohl ein schöpferisches Wesensmerkmal, das sich in allen Kreaturen entwickelt und Achtung gebietet. Sie gehört zu ihrer Grundausstattung.

---

[46] Stephan Lessenich, Neben uns die Sintflut, 2. Aufl. 2018, S. 81

Gedanken zur Schöpfung

Können die Naturwissenschaften oder die theoretische Theologie die Belebung des Universums als Schöpfungsakt beweisen?

Einsichten in eine bereits beobachtbare Wirklichkeit.

Alfred North Whitehead
Die Prozesstheologie

Werner Gitt.
Gibt es einen Übergang von unbewusster Materie zu lebendigen Organismen?

Kurt Friedrich Gödel
Der Gottesbeweis

Walter Billig
Zweifel

Prolog

Wer ist Gott, forschte einst schon Friedrich Schelling[47], indem er fragte, *ob sich über das Dasein oder Nichtdasein indes etwas wissenschaftlich ausmachen lasse.*

Leider nicht, muss die korrekte Antwort auf diese Frage lauten. Wenn man aber auf wissenschaftliche Belege warten kann, sind die Gedanken von Denkern unserer Zeit durchaus beachtenswert. Ich möchte versuchen, hierüber zu berichten.

Was wir sicher wissen ist, dass
- die traditionellen Aussagen zur Schöpfung nicht funktionieren können, weil das Weltall nicht 6.000 Jahre, sondern mehr als 13,7 Milliarden Jahre alt ist

- die modernisierte Theologie ebenfalls nicht funktioniert, weil sie nicht erklären kann, wieso ein allmächtiger und gütiger Schöpfer mit der kosmischen und biologischen Evolution einen so langen und vielfach einen so grausamen Schöpfungsweg gewählt haben sollte.

- Schließlich sind auch die Theorien jener Physiker unbrauchbar, die ein „Universum aus dem *Nichts*" behaupten, weil ihr *nichts* wegen der immer vorhandenen Quantenfluktuation kein

---

[47] Friedrich Wilhelm Joseph Schelling, Existenz Gottes https://de.wikipedia.org/wiki/Gott.
Ab 1812 Ritter von Schelling (* 27. Januar 1775 in Leonberg, Herzogtum Württemberg; † 20. August1854 in Ragaz, Kanton St. Gallen), war ein deutscher Philosoph, Anthropologe, Theoretiker der sogenannten Romantischen Medizin und einer der Hauptvertreter des Deutschen Idealismus. Wikipedia

echtes *Nichts* sein kann. Sie haben die Existenz von weiteren Möglichkeiten nicht einbezogen.

- wir existieren

Nur die Natur/Prozesstheorie des englischen Mathematikers und späteren Philosophen Alfred North Whiteheads und die Ausarbeitung des Mathematikers Kurt Gödel können derzeit als überlegenswerte Hypothesen für die Existenz Gottes gelten.

Whitehead Alfred North[48] Prozesstheologie

„Religion will not regain its old power until it can face change in the same spirit as does science. Its principles may be eternal, but the expression of those principles requires continual development. "[49]

Alfred North Whitehead wurde 1861 in Ramsgate, einer kleinen Hafenstadt im Südosten Englands, geboren. Sein Vater unterrichtete ihn bis zum Alter von 14 Jahren zu Hause, da Alfreds Gesundheitszustand von den Eltern als zu schwach für den Besuch einer öffentlichen Schule. 1879 erhielt Whitehead ein Stipendium für das Trinity College in Cambridge und begann dort 1880 mit dem Studium der Mathematik.

---

[48] Alfred North Whitehead OM (* 15. Februar 1861 in Ramsgate; † 30. Dezember 1947 in Cambridge, Massachusetts) war ein britischer Philosoph und Mathematiker. (Wikipedia)
Wesentliche der in diesem Aufsatz gemachten Ausführungen habe ich seinem Hauptwerk „Process and Reality" entnommen und wurden von mir frei übersetzt.

[49] Process Theology: A Guide for the Perplexed, books.google.de, Chapter 6 Faith and Science in creative transformation

1884 schrieb Whitehead seine Examensarbeit über Maxwells Theorie der Elektrodynamik. Während eines Freisemesters 1885 reiste er nach Deutschland, um bei Felix Klein Mathematikvorlesungen zu besuchen.

Als sein philosophisches Hauptwerk gilt „Process and Reality" (1929), in dem er seiner „Philosophy of Organism" die Form gab, die später auch zur Grundlage der *Prozesstheologie* wurde. Darin strukturiert er auf der Grundlage der Rationalität und Kohärenz die *Wirklichkeit als einen Organismus, der sich in elementaren Ereignissen vollzieht und sich in einer evolutionären Entwicklung befindet.*

Die Prozesstheologie Whiteheads ist auch Bestandteil der theoretischen protestantischen Lehre. Sie gilt bis heute als wahrscheinlichste Hypothese für die Existenz Gottes.

Sie beschreibt unter anderem:
- Die Evolution als Prozess des Universums,
- den Möglichkeitsraum,
- Gott als Quelle der Möglichkeiten

Seine Untersuchungen und Ergebnisse entstanden ausschließlich mit den Werkzeugen der mathematischen Logik[50]. Sein Gott ist folglich das Resultat naturphilosophischer Überlegungen, und seine Resultate stehen in weiten Teilbereichen mit den späteren religiösen Ausführungen Immanuel Kants und mit der aktuellen Quantenphysik im Einklang. Er verwirft das aristotelische Weltbild, weil es auf einer irrigen Physik, Logik und Kosmologie basiert und beanstandet die Evolutionstheorie, weil sie sich in wichtigen Fragen nicht weiterentwickelt hat:

„Die Evolutionstheorie Darwins ist mechanistisch wie die traditionelle Physik Isaak Newtons. In ihr gibt es keine Kreativität. Sie kann deshalb

---

[50] Formalisierung einer Logik, in der sich ein hinreichend großer Teil der Mathematik, aber auch der natürlichen Sprache ausdrücken lässt.

nicht erklären, wie es zu Fortschritt kommt. Denn Evolution ist nicht nur ein Prozess der Auslese, ein defensiver Kampf ums Überleben, sondern ein aktives Streben nach höherer Intensität der Selbstverwirklichung, nach Selbstüberschreitung. "

Nach agnostischen Vorstellungen schuf der Mensch Gott, um seine Furcht zu betäuben. Mit seiner Unterwerfung vor dem Allmächtigen glaubte er, sich Schutz und Geborgenheit erkaufen zu können. Und durch seine Gebete dachte er, sich nach dem Tod, das ewige Leben zu verdienen. Mit der Aussicht, dass der Tod weder das Ende, noch der Anfang vom Nichts ist, sollte es sich im Diesseits leichter leben. Ein schlechtes Geschäft; denn durch seine Selbstunterwerfung erhandelte er sich lediglich ein bisschen Mut zum Preis der Freiheit.

Die Frage nach Gott ist damit notwendigerweise mit der der Natur des Weltalls verknüpft. Weil Gott nicht gedacht werden kann, bedarf es, um sich ihm zu nähern, gottgefälliger Handlungen. Zum Beispiel des Gebetes, der Opfergaben oder eines Eroberungsfeldzuges in seinem Namen. Gott wird damit unvermeidlich zum subjektiven Objekt einer fragwürdigen Sichtweise.

Ein solcher Gott ist der Gott der Whiteheads nicht. Sein Gott ist weder gut noch böse. Er bietet weder Schutz noch Geborgenheit. Er verspricht nichts und begeht keine Wunder. Und als Geschäftsmodell ist er völlig ungeeignet. Whiteheads wichtigstes Argument ist die *Kreativität*, als zentraler Steuerungsmechanismus, der in den theologischen Überlegungen zur Genesis bis dahin keine bedeutende Rolle gespielt hatte. Sein Gottesentwurf ergibt sich aus einem Prozess menschlichen Denkens an der Grenze des Möglichen.

Der evolutionäre Prozess des Universums
Es zeigt sich zunehmend, dass wir in einem Universum leben, in dem die Evolution ausschließlich im Rahmen physikalischer Gesetze abläuft

und im Speziellen durch die *Prozesse der Quantenmechanik*[51] bestimmt wird (s. auch weiter oben den Beitrag zur **Zeit**). Das Prinzip der Natur/Prozesstheorie besagt, dass jedes Wesen der realen Wirklichkeit das Ergebnis eines Prozesses ist, indem es keinen Augenblick des Stillstands gibt. Demzufolge ist anzunehmen, dass das Universum ebenso ein Prozess der wirklichen Welt ist.

- „In diesem **Prozess** trifft **das Alte** stets auf **das Neue**"

- „**Wirklichkeit** und die **Potenzialität**[52] erfordern einander"

Der Möglichkeitsraum
Prozesse sind immer Verwirklichungen von Möglichkeiten. Doch sie kann es nur geben, wenn ein *Raum von Möglichkeiten* offensteht - von denen *einige* verwirklicht werden können – und *andere* nicht.

- *„Prinzipiell gibt es nichts, was aus dem Nirgendwo etwas antreibt. Alles in der wirklichen Welt ist auf eine Wirklichkeit zurückzuführen."*

---

[51] In der Quantenmechanik kommt der Quantelung von physikalischen Vorgängen eine besondere Bedeutung zu. Bei der Energiequantelung beispielsweise bedeutet Quantelung, dass eine bestimmte Energiemenge nur die in einem gestuften Vorrat enthaltenen Werte annehmen kann, statt kontinuierlich veränderbar zu sein.

Bislang ist Quantelung bei den folgenden physikalischen Objekten und Größen bekannt: Materie, Licht, Energie, Ladung, Impuls, Drehimpuls, elektrischer Widerstand.

[52] **Potenzialität** ist die Fähigkeit in einem zukünftigen Prozess, in ein neues wirkliches Ereignis einzugehen.

- *„Es gilt das Prinzip, dass es – abgesehen von wirklichen Dingen, nichts gibt."*

- ***„Alles muss irgendwo sein.*** *Dementsprechend muss auch die allgemeine Potenzialität (in dem Fall Gott), irgendwo sein."*

Wir kennen zwar die Wechselwirkung der meisten Teilchen, Atomen und Molekülen. Aber sie zeigen nicht auf, wie sich aus diesen Teilchen, Atomen und Molekülen die Erscheinungen der biologischen Welt aufbauen. Was wir lediglich wissen, ist, dass ein Organismus ist aus kleinsten Elementen, den Atomen aufgebaut ist, und dass dieser ständigen Veränderungen unterliegt. Er ist ein kontinuierliches System, das in sich nicht abgeschlossen, sondern relativ zu anderen Organismen ist. Jeder Organismus ist grundbestimmend für andere Organismen.

Die Natur ist also nicht allein aus Dingen oder separaten Materieteilchen aufgebaut. Die Vorstellung von Dingen ist bereits eine Abstraktion. Das Funktionsprinzip eines solchen Wesens ergibt sich nicht aus ihren Teilen. Gedruckte Buchstaben setzen sich aus Pixeln zusammen. Ihren Zweck, ihr subjektives Ziel, erhalten sie erst, wenn ihnen Bedeutung beigemessen wird. Dinge sind passiv, abgeleitete sekundäre Erscheinungen, die sich erst aus der Wiederholung der zugrunde liegenden Prozesse ergeben.

Die Natur ist hingegen ein stets wirkender, aktiver Prozess organisch verbundener wirklicher Ereignisse. Komplexe Organismen sind daher mehr als die Summe ihrer Teile und können nicht mechanistisch aus der Addition von Dingen hergeleitet werden.

Wir erkennen aber auch, dass die Schöpfung nicht perfekt ist. Arten kommen und gehen, wenig brauchbare vergehen schneller. Häufig sehen wir in Fauna und Flora unfassbare Missbildungen. *Das wirft die leise Ahnung auf, dass Gott uns nur zu Testzwecken hier sein lässt.*

Zusammenfassend lässt sich sagen, dass die wirklichen Ereignisse (= wirkliche Einzelwesen) in beständiger, für sie essenzieller Relation zueinanderstehen und dass im Kosmos keine Trägheit, sondern ein beständiges, aktives Erfassen vorherrscht. *Der Kosmos konstituiert sich aus Prozessen, nicht aus trägen Substanzen.* Descartes' bekannte Definition der Substanz „als ein Ding, das so existiert, dass es keines anderen Dinges bedarf, um zu existieren", ist durch dieses Konzept obsolet. Die Wirklichkeit ist ein Prozess, indem alles mit allem zusammenhängt.

Gegen das mechanistische Weltbild von Descartes wird die Vorstellung der Natur als eines sich im ständigen Schöpfungsprozess befindlichen Gesamtorganismus gesetzt, der sich aus einer Vielzahl von Teilprozessen und Unterstrukturen zusammensetzt, die ständig interagieren und in ständiger Bezogenheit aufeinander einwirken.

Die in diesen Prozessen liegende Kreativität, zusammen mit dem Streben nach Erfüllung, und die Eigendynamik dieser Vorgänge, ist daher der eigentliche Grund für die Evolution. Doch um dies zu verstehen, bedarf es noch weiterer Kenntnis und das Gespür für das Allerkleinste – irgendwo im Bereich der Planck-Einheiten.

1. Beispiel:

Man stelle sich eine Person vor, die einen Stein betrachtet. Diese Situation wäre eine „Erfahrung". Wir sind gewohnt, eine klare Abgrenzung zwischen der Person, die wir uns zudem als mit Bewusstsein ausgestattet vorstellen, und dem Stein vorzunehmen. Doch was genau passiert da wirklich? In der Denkweise von Descartes trennen wir Geist und Materie. Dabei stellen uns den Stein als sehr dauerhaft vor und ebenso die Person – nur sehr viel schneller vergänglich. Zudem unterstellen wir ein Datum und eine klare kausale Beziehung vom Betrachter zum Stein. Genau diese Vorstellung meint die Naturphilosophie nicht, wenn sie von „wirklichen Ereignissen" oder „Pulsen der Erfahrung" spricht.

Die Natur/Prozessphilosophie sieht Person und Stein in einem Rahmen bzw. einem Prozess. Sie bilden ein „wirkliche Ereignis". Ihre Beziehung ist die kleinstmögliche Einheit: Es wäre Konstruktion, beide wieder scharf voneinander zu trennen. Die Person *„erfasst"* den Stein ebenso, wie der Stein die Person „erfasst" – mit je unterschiedlicher Intensität. Bestimmt wird die *Intensität* der Erfahrung durch die Geschichte der Person und der des Steins. Ist die Person ein Bildhauer, wird sie andere Dimensionen im Stein wahrnehmen, als wenn sie Maurer oder Bäcker wäre: Insofern gehört die Vorgeschichte der Person und die Vorgeschichte des Steins in den prozessualen Gesamtkontext der „Erfahrung". Die Erfahrung setzt eine Gesamtstruktur: *Sie bildet sich sozusagen selbst.* Zudem ist sie in komplexer Weise mit allen anderen „Ereignissen" verbunden, die zu dem geführt haben, wer oder was sie gerade ist oder was sie in der Zukunft beeinflussen werden.

Diese „Erfahrung" ist nur ein Pulsschlag und verschwindet sofort wieder – im Verschwinden macht sie jedoch einer neuen Erfahrung Platz. Und in diese neue Erfahrung wiederum geht die vorangegangene wiederum auf.

Wir verbinden mit dem Begriff „Erfahrung" gewöhnlich Bewusstsein – diese Verbindung sieht die Natur/Prozessphilosophie nicht. In ihrem gedanklichen Gebäude besteht ein Tisch ebenso aus „Erfahrungen" wie ein Elektron, ein Mensch oder ein Stern und sogar Gott. Sie alle sind wirkliche Ereignisse.

2. Beispiel

Ein Elektron kann seine Umwelt positiv erfassen, indem es beispielsweise durch eine Temperaturerhöhung oder den Beschuss mit Licht aus seinem gebundenen Zustand befreit wird. Ein negatives Erfassen wäre in diesem Zusammenhang eine zu schwache Temperaturerhöhung, die keinerlei Wirkung auf das Elektron hat, aber gerade dadurch seine gebundene Position bestätigt. Durch diesen Aspekt wird deutlich, dass ein Einzelwesen nur in Relation zu anderen Einzelwesen ein wirkliches System ist. Ein Elektron bedarf des positiven und negativen Erfassens anderer Elementarteilchen, d. h. anderer Einzelwesen. Nur durch das Vorhandensein anderer Einzelwesen kann sich der auf dem Erfassen fußende Prozess eines anderen Einzelwesens realisieren.

Jedes „wirkliche Ereignis" besitzt einen mentalen und einen physischen Pol, sodass alle realen Vorkommnisse der Welt einen geistigen Aspekt haben. Erst die Anwesenheit des Geistigen in einem Ereignis begründet den Gesamtwert seiner Natur, die einem Zweck folgt. Der physische Pol ist bestimmt durch Wirkursachen, der geistige durch Zweckursachen. Je höher die Komplexität eines Ereignisses, desto höher die Bedeutung der Zweckursachen. Im Buddhismus heißt es: „Den Dingen geht der Geist voran; der Geist entscheidet.

3. Beispiel – Eine Stammzelle kennt bereits den fertigen Menschen

Während der Entwicklung eines Embryos werden seine Stammzellen völlig verbraucht. Zellen, die den kompletten Bauplan seines zukünftigen Lebens enthalten. Der sinnliche oder kreative Anteil wird während dieses Prozesses immer weniger, während der Zweck zunimmt. Am Ende ist der sinnliche Anteil durch das geschaffene Geschöpf nicht mehr erfahrbar, trotz der Tatsache seiner ursprünglich schöpferischen Existenz. Sie bleibt auf ewig unberührt.

Lässt sich hieraus folgern, dass stammzellenähnliche Gebilde, unseren Planeten von Anfang an befruchteten, oder sogar die Entstehung des Universums einem solchen Plan unterlag? Ein gewaltiger Bauplan, der die Strukturen des Universums bestimmte und die Befruchtung von geeigneten Planeten vorsah? Hierfür spricht, dass bereits vor dreieinhalb Milliarden Jahren Bakterien die Erde bevölkerten und als im Kambrium vor 600 Millionen Jahren die Erdatmosphäre die Entstehung von Leben erlaubte, entstanden in einer weiteren Entwicklungsstufe, explosionsartig Millionen von Tieren und Pflanzen. Als für uns beobachtbare aktuelle Entwicklungsstufe beobachten wir Formen der Auslese, Mutation und Kreativität bei uns selbst und bei unseren

Mitbewohnern. Ist das alles nicht genug Beweis, dass sich das Universum, den Naturgesetzen entsprechend, stufenweise und geordnet entfaltet hat und nicht einfach auseinandergeflogen ist? Kann man ausschließen, dass einem solchen Geschehen muss ein Plan zugrunde lag, der die anstehende Entwicklung vorhersehbar machte?

Gott als Quelle der Möglichkeiten

Gott ist in nach der Natur/Prozesstheorie als die uranfängliche Erklärung eines kreativen Fortschreitens zu verstehen. Da es keine Schöpfung aus dem Nichts geben kann, muss auch Gott Teil der wirklichen Welt sein. Weil das Universum ein fortlaufender Prozess ist und Gott Teil dieses Prozesses ist, verändert er sich ebenfalls im Rahmen dieses Prozesses, er ist also ein Gott des Werdens und nicht ein in sich selbst abgeschlossenes Wesen.

Gott ist mit den wirklichen Ereignissen verbunden, ist selbst ein "wirkliches Ereignis". Als solches hat er auch einen physischen und einen begrifflichen (geistigen) Pol. Dadurch hat Gott eine Doppelnatur und ist einerseits Teil der Welt, andererseits auch deren Bedingung.

Der begriffliche Pol ist die „Urnatur Gottes", in der die unerschöpfliche Quelle aller Ereignisse liegt, aus der sich die Welt zusammensetzt.

Wie jedes andere wirkliche Einzelwesen muss auch Gott sich selbst verwirklichen. Aus seiner Folgenatur ergibt sich die fließende Welt, die immerwährend wirkt. Als Urnatur ist Gott eine Vollkommenheit, die alle wirklichen Einzelwesen und Potenzialitäten in seinem Werden einschließt. Durch seine Selbstverwirklichung verleiht Gott allen vergangenen wirklichen Einzelwesen Unsterblichkeit. Er nimmt alle Ereignisse in sich auf, ohne dabei zu werten.

So bleibt zum Beispiel die Tatsache des Todes von Sokrates dauerhaft erhalten, ebenso ein antikes Gedicht, auch wenn dies im Wissen der Menschheit längst vergessen sein sollte.

Die Naturphilosophie rekurriert auf Gott nicht im aristotelischen Sinne als *unbewegter Beweger*, sondern als *unbegrenzter Begleiter*:

„Gott ist ein immerwährender Begleiter. Seine Existenz ist mit den Mitteln der Vernunft allein nicht zu erklären".

Gott ist sinnlich nicht erfahrbar. Doch er ist Voraussetzung und Ursache für die erfahrbare Wirklichkeit. Für die Natur Gottes lässt sich kein Grund angeben, weil die Natur lediglich die Grundlage der Vernunft ist. Der Mensch als begrenztes Wesen kann Gott nicht wie andere Dinge begreifen.

Auch wenn diese Überlegungen in weiten Kreisen als belegt gelten, stellt sich die Frage nach dem Überleben eines wirklichen Gottes in *unserem* Universum; denn was ist, wenn das Universum, in der wir leben, nicht mehr existiert, was wird dann aus diesem Individuum, das wir Gott nennen? Wegen seines physischen Anteils ist es ja ein Teil von uns und muss sich deshalb im Raum der wirklichen Dinge, also innerhalb unserer Welt aufhalten.[53]

Denn heute wissen wir, dass unser Universum expandiert und immer leerer wird und sich die ausgebrannten Himmelskörper nach etwa 10^{140} Jahren völlig aufgelöst haben werden. Das Universum ist dann bis auf die immer vorhandene Quantenfluktuation leer und dunkel.

In dieser Leere ist ein Werden und Vergehen nicht mehr möglich. Ist damit die elegante Formel Whiteheads, dass Gott das Integral allen Werdens und Vergehens sei, unbrauchbar geworden? Denn eine verbleibende Existenz Gottes im entleerten Raum wäre ohne Sinn.

---

[53] Weil es theoretisch möglich ist, dass es mehrere Universen gibt, unterscheide ich bewusst zwischen einem alles umfassenden Weltall und dem Universum, indem wir leben.

Wäre es nicht denkbar, dass Whitehead nicht die Struktur Gottes, sondern nur ein wesentliches Merkmal der Evolution entdeckt hat? – ein Entwicklungsvorgang, der sich vermutlich auf vielen habitablen Planeten ereignet? Wenn wir weiterhin annehmen, dass sich die Evolution jeweils von selbst in Gang setzt und eine übergeordnete Macht dazu nicht benötigt wird, dann könnte sie in Bezug auf Gott unwissend sein und wir wären mit allen unseren bisherigen Modellen Gott zu denken, gescheitert.

Diese Überlegungen teilt Professor Dalferth[54] von der Universität Zürich nicht. Er schrieb mir hierauf ausdrücklich: NEIN und zitiert:

„Der Gott Whiteheads hält sich nicht im Universum auf, sondern das Universum ist in seiner kontingenten Geschichte ein Teil von Gott – als der veränderliche Teil. Sollte die Geschichte des Universums zum Ende kommen, wäre dies das Ende der kontingenten Wirklichkeit unseres Kosmos, aber kein Ende der ewigen Möglichkeiten einer solchen Wirklichkeit (und damit auch einer neuen Weltgeschichte), und auch kein Ende der Wirklichkeit dessen, der der Ort und Träger der ewigen Natur des Möglichen ist: GOTT.“

Die Menschen werden nicht aufhören, Gott zu suchen. Ihre Sehnsucht nach göttlicher Geborgenheit, die sie in sich tragen, hat auch Kant gewürdigt. Obwohl er in seiner Schrift „Kritik der reinen Vernunft" sagt, dass es nach seinen Überlegungen Gott nicht geben kann, kommt er

---

[54] **Ingolf Ulrich Dalferth** (* 1948 in Stuttgart) ist ein deutscher Religionsphilosoph und evangelischer Theologe. Er gilt als methodischer Grenzgänger zwischen Analytischer Philosophie, Hermeneutik und Phänomenologie und ist ein ausgewiesener Experte der zeitgenössischen Religions- und Orientierungsphilosophie.
Wesentliche Ausführungen dieses Aufsatzes sind seinem Hauptwerk „Gott" entnommen (Deutsche Bibliothek, Dalferth Ingolf Gott: Philosophisch-theologische Denkversuche – Tübingen: Mohr, 1992, ISBN: 3-16-145981-4)

später, nach einem Vergleich der Religionen, zu dem Ergebnis, dass einzig das Christentum als moralisch anzusehen sei (sicher auch im Hinblick auf seine Herrschaft geschuldet).

Nicht zuletzt sollen jene Menschen Erwähnung finden, die ohne Zweifel sind. Ihre Ehrfurcht und Demut vor Gott und seiner Schöpfung lässt sie nicht nur glauben, sondern *wissen*, dass sie behüteter Bestandteil seiner Schöpfung sind. Sie erkennen Gott als ihren geduldigen Begleiter, der das Universum in ein Reich unendlicher Freiheit mit unendlichen Möglichkeiten transformiert, indem er alles Wirkliche in eine vollständige Harmonie integriert, die er selbst ist. Nur hierin finden diese Menschen das stille Wirken seiner göttlichen Liebe. Vielleicht gelingt es uns, mehr über den physischen Pol seines Wesens zu erfahren. Doch hierzu bedarf es wohl eher der Wissenschaft und nicht des Glaubens.

Überschreitung des Möglichkeitsraums

Dem Menschen ist es gegeben, über die Grenzen des Möglichen hinweg zu fabulieren. Märchen, verrückte Erfindungen und Wolkenkuckucksheime jeglicher Art vermitteln unserem Leben Leichtigkeit und Frohsinn. Die Gedanken sind frei, keiner kann sie erraten, schrieb von Fallersleben.

Leider gibt es auch eine andere Seite: Die schwer begreifliche Hinwendung vieler Menschen zu Sekten und Religionsgemeinschaften. Unter Aufgabe ihrer Freiheit, folgen ihren natürlichen Ängsten und ihrer Sucht nach übersinnlicher Führung. In der Parallelwelt angekommen, finden manche alles, wonach sie sich gesehnt haben: Ein fremd bestimmtes Leben ohne Angst – von der Geburt bis in die Ewigkeit. Der einzige und gern errichtete Preis: dem jeweilig postulierten Gott und seinem Geschäftsmodell bedingungslos zu dienen.

Wir müssen davon ausgehen, dass die uns gegebenen Fähigkeiten nicht ausreichen, um die Welt vollends zu begreifen, ja nicht einmal in

der Lage sind Schöpfung in ihren wesentlichen Facetten zu erkunden,
sodass uns nur ein begrenzter Raum zur Verfügung steht, indem wir
unsere kognitiven Fähigkeiten entfalten können. Letztlich sind wir
auch nur ein Glied in der Kette vieler Lebewesen.

Gitt Werner[55]

*Gibt es einen Übergang von unbewusster Materie zu lebenden Orga-
nismen?*

Die frühere scharfe Trennung zwischen anorganischer und organischer
Chemie hatte einen gewichtigen Grund:

*In der Natur entstehen organische Verbindungen nur durch Aktivität
der Organismen. Mit dem Tod des Organismus setzt der umgekehrte
Prozess ein: Die organischen Stoffe zerfallen in ihre anorganischen Bestandteile.*

Als der Chemiker F. Wöhler 1828 das eindeutig anorganische Ammo-
niumcyanat in die organische Verbindung Harnstoff umwandelte, war
dieser grundsätzliche Unterschied nicht mehr gegeben. Betrachten wir
nun die Lebewesen, so stellen wir fest, dass es auf der physikalisch-
chemischen Ebene in Pflanzen und Tieren und beim Menschen keine
Prozesse gibt, die den physikalischen und chemischen Vorgängen außerhalb lebender Organismen widersprechen. Die bekannten Naturgesetze haben auch hier ihre volle Gültigkeit. Zwischen unbelebter
Materie und der Materie in Lebewesen gibt es somit keinen prinzipiel-
len Unterschied auf der Ebene von Chemie und Physik. Die

---

[55] **Werner Gitt** Prof. Dr. (* 22. Februar 1937 in Uschdeggen, Landkreis Stal-
lupönen, Ostpreußen) ist Buchautor und einer der bekannteren Vertreter
des Kreationismus in Deutschland. Einige seiner Beiträge und Zitate sind seinen Schriften aus dem Internet entnommen.

neodarwinistischen Ansätze über die Entstehung erster Lebewesen in der Ursuppenatmosphäre gehen über diese Erkenntnis hinaus und behaupten, dass es einen verhältnismäßig glatten und unproblematischen Übergang von unbelebter Materie zu lebenden Organismen gibt. Ein lebendiger Organismus darf aber nicht verwechselt werden mit Materie in Lebewesen. Die Gesamterscheinung des Organismus wird nicht angemessen verstanden, wenn man sie nur unter dem Gesichtspunkt der isolierten Erklärbarkeit ihrer einzelnen Teile betrachtet.

Organismen enthalten als wichtige Zutat Information, eine geistige Größe, die die Materie nicht von selbst erzeugen kann.

Sie ist dafür verantwortlich, dass jedes Lebewesen auf eine bestimmte Gestalt hinstrebt und in der Lage ist, sich zu vermehren. In der unbelebten Natur gibt es das Prinzip Vermehrung (Reproduktion aufgrund eingeprägter Information) nicht. Information wird damit zum kennzeichnenden Kriterium, um einen lebenden Organismus von unbelebter Materie deutlich zu unterscheiden. Ebenso hat die Entstehung einer individuellen Gestalt - im Gegensatz zur Kristallbildung - nichts mit einer physikalisch-chemisch bedingten Strukturgesetzlichkeit zu tun.

Bei dem Phänomen Leben handelt es sich um eine Qualität, die jenseits von Physik und Chemie liegt. Gerade die Evolutionsexperimente, die die Entstehung des Lebens als ein rein physikalisch-chemisches Phänomen belegen sollten, bestätigen diese Aussage:

"Niemals kann Information in einem physikalisch-chemischen Experiment entstehen!"

Bei den viel zitierten Miller-Experimenten konnten einige Aminosäuren, die Grundbausteine der Proteine, synthetisiert werden; Information ist jedoch nie entstanden. Damit liegt dieser Versuch außerhalb dessen, was man als Evolutionsexperiment bezeichnen könnte.

Auch der von M. Eigen entworfene Hyperzyklus ist ein reines Gedankenexperiment ohne notwendige experimentelle Bestätigung. Mit Hilfe von sogenannten „Evolutionsmaschinen" wollte Eigen die Evolution in den Stand des Experimentellen versetzen. Gegenüber „Bild der Wissenschaft" (H. 8, 1988, S. 72) sagte er:

„In einer unserer Maschinen haben wir Bakterienviren evolvieren lassen... Dieses Projekt hatte bereits Erfolg. In nur drei Tagen konnten wir eine Mutante isolieren, die die entsprechende Resistenz aufwies. Das Beispiel zeigt, dass es möglich ist, den Evolutionsprozess im Labor nachzuahmen."

Solche Aussagen erwecken den Eindruck, als wäre hier ein Evolutionsexperiment gelungen. In Wirklichkeit wurde von bereits vorhandenen Lebewesen ausgegangen. Es gilt als bedeutsames Faktum festzuhalten:

In keinem Laboratorium der Welt ist es je gelungen, aus unbelebten organischen Stoffen lebendige Organismen „herzustellen".

Dies ist umso beachtenswerter, als die Biotechnik mit dem Lebendigen zahlreiche Manipulationsmöglichkeiten entwickelt hat. Bezeichnenderweise setzt Biotechnik immer bereits bei Lebendigem ein, und versucht es lediglich zu manipulieren. Offenbar ist die Kluft zwischen Chemo- und Biotechnik unüberwindbar. Ja, selbst wenn es eines Tages nach unermüdlicher Forschertätigkeit und Einsatz aller Kenntnisse möglich sein sollte, würde damit bewiesen:

Leben ist bisher nur durch Einsatz von Geist und Schöpfertätigkeit erklärbar.

Gödel Kurt Friedrich

„Es ist unvergleichlich mehr a priori erkennbar als jetzt bekannt ist."[56]
(Incomparably more is knowable a priori than is currently known)

Das TIME-Magazin blickte im Jahr 2000 auf das letzte Jahrhundert zurück und zählte Gödel zu den 100 einflussreichsten Denkern. Albert Einstein und Kurt Gödel waren befreundet und gleichzeitig Professoren an der Universität von Princeton, Einstein für theoretische Physik und Gödel für Mathematik. Einstein schätzte Gödel so sehr, dass er einmal sagte, dass er manchmal nur ins Institut ginge, nur um mit Gödel nach Hause gehen zu dürfen. Gödel blieb in Princeton, bis er 1976 emeritierte.

Kurt Friedrich Gödel wurde am 28. April 1906 im heutigen Brünn in der Tschechischen Republik geboren. Sein Vater, Rudolf Gödel, stammte ursprünglich aus Wien. Seine Mutter, Marianne Handschuh, stammte aus dem deutschen Rheinland. Der junge Gödel war unter seinen Kommilitonen auch unter dem Spitznamen der *„Herr Warum"* bekannt.

1923 schrieb sich Gödel an der Universität Wien ein, um Physik zu studieren. Nach Vorlesungen zur Zahlentheorie des charismatischen Professors Philipp Furtwängler, Bruder des berühmten deutschen Dirigenten Wilhelm Furtwängler, wechselte er zur Mathematik. Furtwängler war vom Hals abwärts gelähmt und lehrte von seinem Rollstuhl aus, während ein Assistent seine Formeln an die Tafel schrieb. Sicherlich vermittelte er einen Eindruck, der dem von Stephen Hawking sehr ähnlich war.

---

[56] „Gödels 14 philosophische Ansichten – Teil 1,Essay für das Seminar „Selected Works of Kurt Gödel" Jessica Lynn Concerpcion - 5152081

Gödel zeigte schon als Kind erste psychologische Störungen. Als sein Freund Moritz Schlick, einem Professor an der Universität, von einem ehemaligen Studenten ermordet wurde, erlitt er einen Nervenzusammenbruch, von dem er sich nie wieder ganz erholen sollte.

Nach seiner Promotion wurde Gödel Privatdozent (damals unbezahlter Lehrer) an der Universität Wien. Wie viele der jungen Gelehrten, die in den 1930er Jahren aus Europa nach Amerika kamen, war Kurt Gödel brillant. Im Gegensatz zu vielen war er kein Jude, obwohl er sich in jüdischen Intellektuellenkreisen bewegte und manchmal für jüdisch gehalten wurde. Er war einmal deswegen von einer Gruppe Jugendlicher angegriffen worden, als er mit seiner Frau in einer Wiener Straße spazieren ging.

1931 veröffentlichte Gödel seine Ergebnisse in formaler Logik, die *Unvollständigkeitssätze*. Resultate, die als Meilensteine der Mathematik des 20. Jahrhunderts gelten. Gödel zeigte hierin, dass die Hoffnung, die Mathematik auf ein axiomatisches System[57] zu reduzieren, wie es sich die Mathematiker und Philosophen um die Wende des 20. Jahrhunderts vorstellte, vergeblich war. Seine Ergebnisse beendeten alle logistischen Bemühungen, wie z. B. die von Bertrand Russell und Alfred North Whitehead, weil sie eine unüberwindbare Grenze aufzeigten. Russel und Whitehead hatten das Jahrhundertlehrbuch „Principia Mathematica" entworfen und sich für die Unumstößlichkeit seiner Inhalte eingesetzt.

Kurt Gödel war erst 25, als er seine berühmten *Unvollständigkeitssätze* vorstellte. Seine fundamentalen Resultate zeigten, dass es in jedem konsequenten axiomatischen mathematischen System Sätze gibt, die

---

[57] *Axiomatisches System = System von grundlegenden Aussagen, die ohne Beweis angenommen und aus denen alle Sätze des Systems als logisch abgeleitet werden. Wikipedia*

innerhalb des Systems nicht bewiesen oder widerlegt werden können, und dass die Konsistenz der Axiome selbst nicht bewiesen werden kann. Dies bedeutet, dass ein Computer niemals dazu programmiert werden kann, alle mathematischen Fragen zu beantworten.

1938 wurde Gödels Bewerbung um eine bezahlte Stelle an der Universität Wien abgelehnt. Ende 1939 floh er mit Adele aus Deutschland. Sie reisten über die Transsibirische Eisenbahn nach San Francisco, wo sie am 4. März 1940 ankamen. In Princeton fanden sie schließlich ein neues Zuhause, wo Gödel eine Stelle als Professor erhielt.

Nach einer starken Blutung durch ein Zwölffingerdarmgeschwür hatte Gödel eine äußerst strenge Diät zu halten, die zu einem schweren Gewichtsverlust führte. Seine Frau Adele war in diesen Jahren eine liebevolle Unterstützung ihn. Sie sprach ihn in dieser Zeit gerne mit „Strammer Bursche" an. Der mathematische Logiker Georg Kreisel, erzählte: „Ich habe sie in den fünfziger und sechziger Jahren oft besucht. Es war eine Offenbarung, ihn in ihrer Gesellschaft entspannen zu sehen." Obwohl sie nur eine einfache Ausbildung hatte, wohl aber ein feines Gespür für das, was getan werden musste - was schließlich auch ihre kritische Schwiegermutter bemerkte.

Als Gödel nicht mehr davon abzubringen war, dass er vergiftet werden würde, wurde Adele zu seiner Verkosterin. Seine Verdauungsbeschwerden und vor allem seine Weigerung zu essen, als zuletzt auch Adele sich für einige Zeit in einer Klinik behandeln lassen musste, führten schließlich zu seinem Tod am 14. Januar 1978. Bei seiner Einlieferung wog er gerade noch dreißig Kilogramm. Er starb im Alter von 71 Jahren in Princeton und ist auf dem dortigen Friedhof begraben. Erst nach seinem Tod wurde unter seinen Ausarbeitungen ein Manuskript entdeckt, das heute von den Medien als „Gottesbeweis" kolportiert wird. Das Formelwerk ist im Internet mehrfach abgebildet.

An der Freien Universität Berlin programmierten Christoph Benzmüller und Bruno Woltzenlogel Paleo einen Computer mit diesem Formelwerk und bestätigten, dass Gödels Beweisführung - nach den Regeln der modalen Mathematik - mathematisch korrekt sei.

Whitehead und Gödel kamen demnach beide zu der Aussage: *Gott existiert.* Beide benutzen als wissenschaftlichen Ansatz die mathematische Logik. Während Whitehead die Kreativität als göttliche Komponente ausmachte, war es bei Gödel der abstrakte mathematischer Ansatz mithilfe von Theoremen und Axiomen.

Bei Gödel wird sichtbar, dass sich die Wissenschaft ungewollt zu einer Art weltlicher Religion entwickelt hat. Seine Glaubensansätze lassen das Bild einer eigenen entmenschlichten Welt, trocken und abstrakt, reduziert auf Zahlen und Formeln entstehen. Der lebende Organismus des Menschen wird als komplexer Mechanismus begriffen, gesteuert durch einen Verstand, dessen Wirkungsweise auf den Austausch von Myriaden hoch organisierter Gehirnzellen in einem Wechselspiel zwischen Bewusstsein und Vernunft beruht.

Zweifel W. Billig

Führen die Überlegungen Whiteheads und Gödels zu einem besseren Verstehen der Trennung zwischen Glauben und Wissen? Aus meiner Sicht ein zögerliches JA; denn innerhalb der Naturwissenschaften gilt die Mathematik als ein besonders feingeschliffenes Werkzeug im Grenzbereich menschlichen Grenzdenkens. Doch sollen in dieser Schrift auch die Zweifler zu Wort kommen.

Öffentliche Bedenken an religiösen Inhalten bekundete bereits im 16. Jahrhundert der Logiker und Philosoph Giordano Bruno, der die Unendlichkeit des Weltraums und die ewige Dauer des Universums proklamierte und damit dem geozentrischen Weltbild der Kirche widersprach. Von da an hörte die Kritik an der kirchlichen Lehre nicht mehr auf. Ihm folgten Astronomen, Reformer und Aufklärer. Angesichts der Ablösung von Glaubensinhalten durch wissenschaftliche Erkenntnisse und der schweren Verbrechen, die Religionsführer und ihre Schergen im Namen des von ihnen postulierten Gottes begingen, verloren vor allem die christlichen Religionen immer mehr an Raum, den sie bis dahin zwischen Gott und den Menschen eingenommen hatten. Zuletzt läutete Charles Darwin mit seiner Evolutionstheorie ein neues Zeitalter zum Verstehen der Entstehung des Lebens auf unserem Planeten ein. Seine Theorie, dass sich die Erde erst im Laufe von vielen Millionen Jahren zu dem entwickelt hat, was sie ist und nicht von Gott in sechs Tagen geschaffen wurde, führte zu einem Paradigmenwechsel in der Wissenschaft.

Leider wurde Darwins Theorie nicht weiter ausgebaut und als gegeben hingenommen. Erst in den 20er Jahren des letzten Jahrhunderts wurden einige seiner Aussagen, insbesondere hinsichtlich der Fortpflanzung, infrage gestellt.

Die Narben der menschlichen Evolution[58]
… Die Liste der ingenieurtechnischen Fehlleistungen der Evolution beim menschlichen Körper scheint lang. Unser Körper trägt an allen Ecken und Enden Narben seiner natürlichen Entstehungsgeschichte. Unbrauchbare Weisheitszähne und die sie tragenden, angeblich viel zu kleinen Kieferknochen beim Menschen, seine Wirbelsäule und die Not mit dem aufrechten Gang, über den verletzungsanfälligen Fuß mit seinen Gelenken, über den problematischen Geburtsvorgang und die völlige Abhängigkeit des Menschen bis zum dritten Lebensjahr.

Doch wenn von Fehlermerkmalen gesprochen wird, die Belege für eine zukunftsblind verlaufende Evolution seien und gegen ein intelligentes

---

[58] Henrik Ullrich, Studium Integrale Journal, 20 Jahrgang/Heft 2 – Oktober 2013, Seite 68

Schöpferhandeln sprächen, wo bleiben die Alternativen, die *erwiese-nermaßen* besser funktionieren?

Alternativkonstruktionen wurden trotz unermüdlich vorgebrachten Behauptungen in keinem Fall vorgelegt. Und solange dies nicht mög-lich ist, gibt es gute Gründe davon auszugehen, dass die Vielfalt der Organismen mit ihren faszinierenden Strukturen und Funktionen für ihr spezifisches Umfeld ein erstaunliches Optimum erreicht haben. Und dies, obwohl Krankheit und Tod dem Leben ihren Stempel unver-kennbar aufdrücken.

Arthur Koestler[59] schreibt in seinem Buch *„Der Mensch, Irrläufer der Evolution"*

… Die Indizien aus der Vergangenheit des Menschen und der zeitge-nössischen Hirnforschung deuten gleichermaßen darauf hin, dass ir-gendwann während der letzten Entwicklungsstadien des anatomisch modernen Menschen etwas in die Irre gegangen sein muss.

- Das allgegenwärtige Ritual des Menschenopfers (zum Beispiel die Bereitschaft Abrahams, aus reiner Liebe zu Gott seinem Sohn die Kehle durchzuschneiden), das von den vorgeschichtlichen Anfän-gen bis zum Anfang unseres Jahrhunderts reicht;
- die ständige Bereitschaft des Menschen, gegen seine Artgenos-sen Krieg zu führen. Einzig der Mensch (von einigen noch umstrit-tenen Befunden bei Ratten und Ameisen abgesehen) tötet Ange-hörige seiner eigenen Spezies;

---

[59] **Arthur Koestler**, CBE (geboren 5. September 1905 in Budapest, Öster-reich-Ungarn; gestorben 1. März 1983 in London) war ein ungarisch-briti-scher Schriftsteller.

- die unbegreifliche Kluft zwischen rationalem Denken und irratio-
  nalen, auf Gefühlen beruhenden Überzeugungen.

In jüngster Vergangenheit haben wir erlebt wie politische und gesellschaftliche Großereignisse ganze Völker bis in den engsten Fa-
milienverband hinein spalteten. Und bis heute werden diese Ge-
schehnisse auf völlig unterschiedliche Weise von den Menschen
gewertet - geradezu als ob es mehrere Wirklichkeiten gäbe.

Koestlers Hauptthese lautet, dass der Mensch durch einen verhängnis-
vollen Konstruktionsfehler mit einem Gehirn ausgestattet sei, das ihm
ein vernünftiges individuelles, gruppenbezogenes und arterhaltendes
Handeln auf Dauer nicht erlaube. Unsere Natur zwinge uns zu dieser
düsteren Zukunftsvision. Die uns durch Evolution auf den Weg gegebenen biologischen Ausstattung führe zu unserem baldigen Untergang.

Am Ende könnte "*die Umwandlung des Raumschiffes Erde in einen Flie-
genden Holländer stehen, der mit seiner toten Besatzung im Sternen-
meer umhertreibt*".

Seine Lagebeurteilung scheint zunächst unstrittig:

- militärisches Vernichtungspotential,
- Bevölkerungsexplosion,
- ökonomischen Ungleichgewichte,
- ideologische und nationale Gegensätze
- Eingriffe des Menschen in die Kreisläufe der Natur, machen
  eine globale Katastrophe wahrscheinlich.

Aber müssen wir uns den resignativen Einsichten beugen, dass für unserer Spezies wegen eines irreparabel einprogrammierten, selbstzer-
störerischen Aggressionspotentials längst das Todesurteil gesprochen
ist?

Koestler sagt, dass die Evolution viele Fehler gemacht hat. Für jede noch bestehende Spezies sind in der Vergangenheit Hunderte von Arten zugrunde gegangen. Die Fossiliensammlungen unserer Museen sind gleichsam Mülleimer für die verworfenen Modelle des großen Konstrukteurs. Das explosive Gehirnwachstum ließ eine Spezies entstehen, deren geistiges Gleichgewicht gestört war; eine Spezies, bei der sich Gefühl und Intelligenz, Glaube und Vernunft in den Haaren lagen.

Auf der einen Seite der blasse Abdruck rationalen Denkens, einer an einem dünnen, allzu leicht reißenden Faden hängenden Logik; auf der anderen Seite das angeborene Ungetüm leidenschaftlich vertretener irrationaler Glaubenssätze.

Kulturübergreifend erfand der Mensch ganze Heere von Geistern der Verstorbenen, von Göttern, Engeln und Teufeln, bis die Atmosphäre von unsichtbaren Wesen gesättigt war. Sie alle mussten verehrt, umschmeichelt und besänftigt werden - durch ausgeklügelte grausame Rituale, seien es Menschenopfer, heilige Kriege oder Ketzerverbrennungen.

Die überschäumende Fähigkeit des Menschen und sein Verlangen, sich mit einem Stamm, einer Nation, einer Kirche oder einer Sache zu identifizieren und deren Credo ebenso unkritisch wie enthusiastisch zu verteidigen - selbst wenn diese Glaubenssätze aller Vernunft widersprechen, ja sogar den eigenen Interessen und dem Selbsterhaltungstrieb entgegenstehen, tragen die Hauptschuld an den fortwährenden Katastrophen in seiner Geschichte.

Die tödlichste Waffe des Menschen jedoch ist seine Sprache. Er ist für die hypnotische Wirkung von Schlagworten ebenso anfällig wie für ansteckende Krankheiten. Und in Fällen einer Epidemie ist es dann die Gruppenmentalität, die zur Herrschaft gelangt. Sie gehorcht ihren eigenen Gesetzen, die sich von den Verhaltensweisen und Regeln des

Individuums abheben. Wenn sich ein Mensch mit einer Gruppe identifiziert, wird seine Fähigkeit zu vernünftigem Denken eingeschränkt, zugleich werden seine gefühlsbetonten Reaktionen verstärkt. Und die hypnotische Kraft des Wortes ist der Hauptkatalysator solcher Umwandlung.

Die Reden Adolf Hitlers sind ein Beispiel für diese mächtige Zerstörungswaffe. Ohne Worte gäbe es keine Dichtung - und keinen Krieg. Sprache ist der Hauptfaktor unserer Überlegenheit gegenüber Bruder Tier. Der sicherste Weg, den Krieg abzuschaffen, wäre, die Sprache abzuschaffen.

Doch lässt sich der chronische Konflikt zwischen rationalem Denken und irrationalem Glauben, auf diese Weise ausreichend erklären?

Um das verhängnisvolle Verhalten unserer Spezies zu verstehen, müssen wir uns schon fragen, ob wir nicht Opfer einer fehlerhaft arbeitenden Evolution sind. Die demoskopische Entwicklung spricht in hohem Maße dafür. Ursache ist die kaum kontrollierbare Sexualität des Menschen. Bei der aktuellen Bevölkerungsvorausberechnung geht man von 11,18 Milliarden Menschen im Jahre 2100 aus.

Sollte der Evolution das Wachstum des Menschen aus dem Ruder gelaufen sein, dann gibt es nichts mehr, was seinen Untergang aufhalten könnte. Er wird dann in naher Zukunft aussterben.

Vielleicht finden wir Werkzeuge, die helfen, dieses Schreckensszenario zu überwinden. Wir müssen erkennen, dass wir uns schon längst nicht mehr auf der Ebene des Darwinismus bewegen, nach dessen Auffassung jeder Organismus gegen jeden um die bessere Position kämpft.

Unsere kulturellen Leistungen zeigen, dass Materie und Geist in uns in noch unerforschter Tiefe der Realität wurzeln. Wir tragen die Informationen des bisherigen Universums in uns und es wäre ein fataler

Fehler, wegen eines demoskopischen Problems den Gedanken von der Unsterblichkeit des Geistes aufzugeben. Die Überlegung, dass das Universum für das Leben prädisponiert ist, sollte unser Leitfaden sein; denn das *Werden* steuert das Universum und nicht umgekehrt. Der Gedanke, dass wir allein im Universum sein könnten, wird damit absurd.

Wenn die Professorin Fay Dowker recht behält, wächst uns Unsterblichkeit unvermeidlich zu, weil wir Spuren unseres Leibes in diesem kosmischen Reigen hinterlassen. Unsere letzte Bestimmung in dieser Welt müssen wir daher nicht mehr im Abschwung in das unveränderliche Nichts des Todes sehen, sondern in einer zyklischen Selbsterneuerung innerhalb eines wohlgeordneten Universums.

Fazit:

Solange die Denkmodelle Whiteheads und Göbels nicht im Labor bestätigt werden können, bleiben sie, trotz ihrer Unwiderlegbarkeit, Modelle. Auf jeden Fall aber sind sie wissenschaftliche Wegmarken, die uns bei der Beantwortung der Frage, ob *Gott existiert*, weiterhelfen.

Auf Gott *an sich* bleiben wir freilich unwissend. Er beabsichtigt offensichtlich auch nicht, zu uns zu kommen oder uns ein physisches Zeichen seiner Existenz zu schicken. Gott erwartet, dass wir ihn finden; denn wozu sonst hat er uns nach seinem Ebenbild geschaffen, wenn nicht, um ihn zu finden? Er hat seinen Teil getan, indem er uns schuf.

Wir können hoffen, uns den Geheimnissen seines Handelns für den Weltgrund in vorhersehbarer Zukunft weiter nähern zu dürfen. Unzählige Wissenschaftler versuchen derzeit, dringende Fragen, aus den Bereichen der Physik und der Biologie zu beantworten. Einige dieser Entschlüsselungsmechanismen werden in den gigantischen Gehirnen der Menschen, der Planckwelt und der Astronomie zu finden sein.

Besondere Beachtung wird der Forschung nach der Wirklichkeit des Geistes zukommen. Eine Wirklichkeit, die leider im Augenblick noch nicht nachweisbar ist. Gemeint sind belegbare Ergebnisse, aus der wissenschaftlichen Forschung. Es ist dabei nicht die Absicht, den Schöpfer zu entdecken, sondern weitere Antworten auf evolutive Abläufe zu finden – z. B. laborfeste Belege für die Prozesstheorie Whiteheads.

Viele Menschen glauben, dass der Geist nicht nur unvergänglich ist, sondern darüber hinaus noch über eine Energieform verfügt, die sich vor allem im unerschütterlichen Glauben an Gott äußert.

Es ist Zeit zu beginnen, das Unsichtbare aufzuhellen. Es muss versucht werden, die geistlichen Kräfte zu lokalisieren, um ihnen ein erklärbares Fundament zu geben. Ein wissenschaftlich begründeter Umgang mit dieser Energie würde auch in der modernen Gesellschaft den Beigeschmack der Phantasterei verlieren. Der Übergang kündigt sich an zu einer schöpferischen organismischen Entwicklung des Universums.

Vielleicht hatte sich Friedrich Schelling vor fast zweihundert Jahren mehr von der Wissenschaft erhofft. Doch immerhin hat die Wissenschaft Kants Aussage, dass es nach der Kritik der reinen Vernunft keinen Gott geben kann, widerlegt.

ANHÄNGE

Joseph Ratzinger[60]: Glaube und Vernunft – passt das zusammen?
Wer könnte berufener sein als der Theologielehrer und spätere Papst
Joseph Ratzinger, uns sein Verständnis zu dieser Frage zu äußern? Ein
Thema, das er zum Leitthema seines Pontifikats machte.

Auszüge aus seinen
*(...) Gott ist nicht etwas Unvernünftiges, sondern allenfalls Geheimnis. Das Ge-
heimnis wiederum ist nicht irrational, sondern Überfülle an Sinn, an Bedeutung, an Wahrheit. Wenn der Vernunft das Geheimnis dunkel erscheint, dann
nicht, weil es im Geheimnis kein Licht gibt, sondern weil es vielmehr zu viel
davon gibt. So sehen die Augen des Menschen, wenn er sie direkt auf die
Sonne richtet, um sie zu betrachten, nur Finsternis. Aber wer würde behaupten, dass die Sonne nicht leuchtet, ja sogar die Quelle des Lichts ist? Der
Glaube gestattet es, die »Sonne«, Gott, zu betrachten. Er empfängt sozusagen
wirklich die ganze Helligkeit des Geheimnisses Gottes und erkennt sein großes
Wunder: Gott ist zum Menschen gekommen, er hat sich seiner Erkenntnis dar-
geboten, indem er sich zur kreatürlichen Grenze seiner Vernunft herabgelas-
sen hat (Jesus). Gleichzeitig erleuchtet Gott mit seiner Gnade die Vernunft,
öffnet ihr neue, unermessliche Horizonte. Daher stellt der Glaube einen An-
sporn dar, immer zu suchen, nie stehen zu bleiben und sich in der unermüdli-
chen Entdeckung der Wahrheit und der Wirklichkeit nie zufriedenzugeben.*

---

[60] **Benedikt XVI.** (lateinisch *Benedictus PP. XVI*; bürgerlich **Joseph Aloisius
Ratzinger**; * 16. April 1927 in Marktl) ist emeritierter Papst (lat. *Papa
emeritus*). Vom 19. April 2005 bis zu seinem Amtsverzicht am 28. Februar
2013[1] war er Oberhaupt der römisch-katholischen Kirche und damit des
Staats Vatikanstadt. Er war der erste deutsche Papst seit Hadrian VI. (1523)
und nach Coelestin V. (1294) der zweite Papst der Geschichte, der freiwillig
von seinem Amt zurücktrat. Joseph Ratzinger gilt als wichtiger Theologe des
20. Jahrhunderts. (Wikipedia)

(...) Auf diesen Voraussetzungen hinsichtlich der fruchtbaren Verbindung zwischen Verstehen und Glauben gründet auch die positive Beziehung zwischen Wissenschaft und Glaube. Die wissenschaftliche Forschung führt zur Erkenntnis immer neuer Wahrheiten über den Menschen und über den Kosmos. Das wahre Wohl der Menschheit, das im Glauben zugänglich ist, öffnet den Horizont, in dem sich ihr Weg der Entdeckung bewegen muss. So müssen zum Beispiel die Forschungen gefördert werden, die im Dienst am Leben stehen und darauf abzielen, Krankheiten zu bekämpfen. Wichtig sind auch die Untersuchungen, die darauf ausgerichtet sind, die Geheimnisse unseres Planeten und des Universums zu entdecken, im Bewusstsein, dass der Mensch die Krone der Schöpfung ist – nicht um sie sinnlos auszubeuten, sondern um sie zu bewahren und bewohnbar zu machen.[61]

Immanuel Kant

„Die Zusammenhänge der Natur Dinge sehen wir, als ob ein Zweck darin läge. Wir müssen uns allerdings hüten, die empfundene Zweckmäßigkeit der Natur mit der Religion begründen zu wollen. Wenn man also für die Naturwissenschaft und in ihren Kontext den Begriff von Gott hereinbringt, um sich die Zweckmäßigkeit in der Natur erklärlich zu machen, und hiernach diese Zweckmäßigkeit wiederum braucht, um zu beweisen, dass ein Gott sei: So ist dies in keiner von beiden Wissenschaften von innerem Bestand."[62]

---

[61] Papst Benedikt XVVI Stiftung, Jahr des Glaubens 2012/2013
[62] De.Wikipedia.org/wiki/Immanuel_Kant

Hawking Steven[63]

"Man kann nicht beweisen, dass Gott nicht existiert (...). Aber die Wissenschaft macht Gott überflüssig."
(In einem Interview mit dem US-Fernsehsender ABC, 2010)

In seinem Buch DER GROSSE ENTWURF bekennt sich Hawking endgültig zu seiner Auffassung, dass Gott die Welt nicht erschaffen, bzw. den Urknall nicht gezündet hat.

(God did not create the universe or spark the Big Bang).[64]

Hawking beruft sich dabei auf die String Theorie, später auch M-Theorie genannt, nach der zehn Dimension plus eine Zeitdimension *mathematisch* nachgewiesen ist. Unmittelbar nach dem Urknall (korrekter: Entfaltung) entstanden zunächst elf Dimensionen, weil im Augenblick der Entstehung die Zeit noch nicht existierte. Sie wurde von den unbegreiflich hohen Gravitationskräften regelrecht eingequetscht und erst nach einer ersten Abkühlungsphase in Gang gesetzt. Hierzu bedarf es nach Hawking theoretisch keines Anzünders. Vereinfacht kann man sich das wie bei einem Behältnis mit Wasser vorstellen, dass - man es ganz allmählich und sehr vorsichtig abkühlt, Temperaturen weit unter dem Gefrierpunkt erreicht, ohne dass das Wasser zu Eis wird. Es genügt aber während dieser Abkühlungsphase nur der Hauch einer

---

[63] **Stephen William Hawking,** CH, CBE, FRS (* 8. Januar 1942 in Oxford, England; † 14. März 2018 in Cambridge, England) war ein britischertheoretischer Physiker und Astrophysiker. Von 1979 bis 2009 war er Inhaber des renommierten Lucasischen Lehrstuhls für Mathematik an der Universität Cambridge. Stephen Hawking lieferte bedeutende Arbeiten zur Kosmologie, zur allgemeinen Relativitätstheorie und zu Schwarzen Löchern. (Wikipedia)

[64] **ABC News** 2 September 2010, 14:37 utc

Störung und das Wasser friert augenblicklich zu Eis. Beim Urknall funktioniert das umgekehrt. Die Temperatur eines wachsenden, ungeheuer großen symmetrischen Energiefeldes nimmt immer mehr zu. Irgendwann reicht die geringste Störung aus, um das Feld zu zünden. Diese Störung muss nicht von außen kommen. Die Temperatur nimmt dabei weiter zu, bis die natürliche innere Unruhe des Energiefeldes, bedingt durch quantenmechanische Vakuumeffekte, das Feld zur Zündung mit nachfolgender Entfaltung bringt. Das Feld explodiert also nicht im herkömmlichen Sinne, sondern fusioniert in einer ersten Phase zu Wasserstoff und Helium.

Nach der String-Theorie ist es erlaubt, sich einen solchen Vorgang als geplatzte Energieblase zu denken. Die mathematischen Berechnungen erlauben mehrere solcher Energieblasen, die laienhaft betrachtet, als neue Universen, wie Seifenblasen im Raum schweben. Paralleluniversen mit eigenen Naturgesetzen werden für möglich gehalten.

Hawking befindet sich mit diesen Überlegungen in einer Zwickmühle. Wie schon damals bei Einstein kann der empirische Nachweis für diese Überlegungen nicht geliefert werden – obwohl die Wissenschaft glaubt, dass es so und nicht anders gehen muss.

Stephen Hawking benutzt sein Buch „The Grand Design" - um die Philosophen zum Mithalten zu ermahnen, indem er einfach erklärt „Die Philosophie ist tot." Denn sicherlich stellt eine so schwerwiegende Aussage den Verfasser infrage. Doch Hawking glaubt, dass da die Wissenschaft die Philosophie überflügelte hat und es notwendig ist, den philosophischen Denkern zu

Bisherige Erzählungen und Aufsätze
(unveröffentlicht)

lfd. Nr.	Titel	Datum	Art	Seitenzahl	Inhalt
1	**DAS INTEGRAL ALLEN WERDENS UND VERGEHENS**	2011	Exzerpt	115	In diesem Exzerpt geht es um die Gottesfrage: Können die Naturwissenschaften oder die theoretische Theologie die Belebung des Universums als Schöpfungsakt denken?
2	**Ta-0**	2012	Zukunftsroman	240	Erzählt wird die abenteuerliche Reise zu dem 50 Lichtjahre entfernten Planeten 18Scorpii-3. Ein Planet, der von Menschen höherer Zivilisationsstufen bewohnt wird.
3	**HeDuDa**	2013	Abenteuerroman	343	Erzählt wird die Reise dreier, von der Natur benachteiligten Geschöpfe quer durch Europa - einen verkrüppelten Hund, einen

					geprügelten Affen und einen in die Jahre gekommenen Zwerg.
4	**TIC & TOC und THEO**	2014	Abenteuerroman	147	Berichtet wird von der abenteuerlichen Reise zweier Quanten von der Zeit vor dem Urknall bis heute.
5	**ETIOS**	2015	Zukunftsroman	113	Von den Menschen unbemerkt, kontrollieren seit Jahrmillionen Außerirdische die Erde. Als die Menschen dies bemerken, kommt es zur Katastrophe.
6	**ENTROPIA**	2015	Fantasieroman	47	Wie Geldgier die Menschen bewegt, sich an Gottes Geschöpfe, den Tieren, zu vergreifen.
7	**DIE NACHRICHT**	2016	Zukunftskomödie	53	Eine junge, vom Leben enttäuschte Lehrerin bekommt Kontakt zu Außerirdischen.
8	**NOMURA**	2016	Zukunftsroman	67	Riesenquallen aus dem Weltall sind auf der Suche nach einem neuen Planeten. Rücksichtslos

					versuchen sie, die Erde zu erobern
9	**WERKZEUGE DES BÖSEN**	2016	Roman in drei Bänden	414	Hierin erzählt der Autor die fiktive Biographie seiner Familie von 1648 bis 1995
10	**DER GOLD-HAMSTER**	2016	Kriminal-komödie	57	Erzählt wird die merkwürdige Entführung eines amerikanischen Präsidenten.